盗賊の日本史

阿部 猛

同成社

目次

盗賊の日本史

I　王朝盗賊物語

——古代社会——

古代末期に書かれた『今昔物語集（こんじゃくものがたりしゅう）』は、比類ない〝物語〟の宝庫である。近代の作家たちが、この物語を素材として多くの作品をものしているのも理由のないことではない。『今昔』と『宇治拾遺物語（うじしゅういものがたり）』、そして鎌倉時代の作品である『古今著聞集（ここんちょもんじゅう）』は、読み始めたらやめられない、興味ふかい〝物語〟群で構成されている。

とくに『今昔』に収められた盗賊の話は絶品といっていい。さまざまな盗人が登場するが、あるときには残忍非道、またあるときは滑稽であり、哀れであり、ときに称嘆に値いする〝大人物〟だったりする。『今昔』の作者は、この盗人たちを、愛着を以て描いたのではないかとさえ思われる。

一　さまざまな盗人たち

ドジな盗人

橘経国（生没年未詳）という人が伯耆守だったときの話である。ちょうど全国的に不作で、庶民は窮乏にあえいでいた。伯耆の国庁のそばにある倉庫も、蓄えていた米はみな取り出して消費してしまい、からっぽになっていた。

ある人が国府近くに建つ倉のそばを通りかかると、なかから叩く者がいる。「どうしたのだ」と尋ねると、「どろぼうだ、助けてくれ、倉に食料があるものと思い、少し盗んでやろうと考え、倉の上に登り、屋根に穴をあけて盗ろうとしたのだが、倉の中に落ちてしまった。食料なんかなくて、からっぽで、逃げようにも逃げられず四、五日も経ってしまった。もう飢死しそうだ、どうせ死ぬのなら外に出てから死にたい」という。

早速これを守に知らせると、すぐさま在庁官人がやってきて倉の戸を開けた。三十歳ほどの水干装束のきちんとした男が真っ青な顔で立っている。「とるに足らぬ罪だから追放してしまえばいい」と人びとはいったが、守（かみ）の経国は「あとあとの評判もあることだから」と倉のそばではりつけにした。進んで罪状を述べたほどの者なのだから、それほどまでにせずともよいものをと人びとは、守の処置を非難した（『今昔物語集』）。

子の物を盗む親

大和国添上郡（そうのかみぐん）の山村（やまむら）の中の里というから、いまの奈良市の南帯解（おびとけ）町のあたりに、椋（くら）の家長（いえぎみ）さまと呼ばれる人がいた。歳末に一年間の罪ほろぼしをしようと、召使いに「一人お坊さんをつれてこい」と命ずる。召使いは「どこのお寺の坊さんをおよびしましょうか」と尋ねるが「どこの寺でもよい、出逢った方をお迎えせよ」という。召使いは、たまさか道で会った僧を家につれてきたが、主人は僧に経をよんでもらい法要をとり行った。その夜、僧は泊まったが、主人がかけてくれた衾（ふすま）（かけぶとん）を見ると上等な品だったので、あした礼物をもらうよりも、この衾を失敬した方がいいなどとひそかに考えた。すると「その衾を盗んではならない」と声がする。驚いてまわりを見渡すが誰もいない。ただ、家の倉の下に牛が一頭たっている。牛は僧に近づいて、

「私はこの家の主人の父親である。前世に、子には告げずに稲一〇束を取り他人（ひと）に与えた。その罪により、死後牛の姿となって負債をつぐなっている。あなたは出家の身ではないか。物を盗んではいけませんよ。もし疑うなら、私のために席を用意しなさい。私はその上に坐るだろう」

という。僧はこれを家の主人や親族に告げる。主人は牛のそばに寄り藁をしいて「まことに吾が父ならば、この座に就け」というと、牛は膝を折りそこに坐った。主人は、まことの親と知り、「前世の負債を帳消しにします」というと、やがて牛は死んだ（『日本霊異記』）。

改心した盗賊 (一)

醍醐天皇の孫源博雅（九一八―八〇）は、琵琶・笛の名手であった。あるとき、博雅の家に盗賊が侵入した。かれは板敷の下にかくれて難を免れたが、盗人が帰ったあと家の中を見ると、家財は悉く運び去られている。ただ部屋の隅にある置物厨子に篳が一つ残されていた。博雅はこれを手にとり吹いた。屋敷を出て逃走中の盗人は、はるかにこの音を聞いて足をとめる。盗人たちは博雅の屋敷に立ち戻り、「いま篳の音を聞いて、心が洗われ、悪心はすべて消えた、盗んだ物はお返しいたします」といった（『古今著聞集』）。

篳といえば、和迩部用光の話もある。篳の上手として名高い用光は相撲使として四国に赴いた。毎年七月に宮中で行われる相撲節会に出場する相撲人を諸国から集めるのが相撲使、正式には部領使という。

用光一行は吉備国辺で海賊に襲われた。すんでの処で海賊たちに殺されそうになったとき、用光は、死ぬ前に風雅なひとふしを吹かせてほしいと懇願する。海賊のゆるしを得て、用光は涙ながらに篳の秘曲を吹いた。これに心を動かされた海賊たちは用光をゆるし、淡路の南浦まで送りとどけたという（同上）。

同類の話は『水鏡』にもあるが、そこでは、海賊たちが用光の乗っていた船に漕ぎ寄せてきた折に篳を吹いたところ、海賊たち「各々悲しみの心起りて、かづけもの（贈物）をさへして漕ぎ離れて去りにけりとなむ」と記されている。

奈良に住む人が五部の大乗経を書き、春日大社の社前で供養しようと思い立ち、澄憲法印（一一二六―一二〇三、藤原通憲〈信西〉の子）を導師に頼もうとした。ところが、南都の衆徒らは「南都の大学僧をさしおいて比叡山の僧を招くとは何事ぞ」と怒り、このことは沙汰やみになった。しかし、ここに春日大明神の託宣があって「わが国第一の説法唱導の名人の能説を聞くことができる、やれうれしやと思っていたのに、妨げられて残念だ」と仰せられた。衆徒らは恐懼し、澄憲招請のことは当初の予定どおり行われた。

澄憲の弁説を聞いて人々は感涙にむせび、随喜のあまり、われもわれもと臨時の仏事を行って澄憲を導師に招いた。したがって、諸方から貰った布施物も多かった。澄憲が都へ帰ろうとして、奈良の町と木津との間の奈良坂にさしかかったところ、山だち（山賊）の待伏にあい、布施物をみな奪われてしまった。輿を担いでいた力者法師たちもみな逃げてしまったから、澄憲はひとり茫然と立っていた。

やがて、澄憲は、山だちの首領と覚しき者を招き寄せる。首領は手下を四、五人伴ってやってくる。澄憲は彼らに「十二因縁」の心を言葉うるわしく説いて聞かせた。十二因縁とは、人間の苦悩を、一二の因果関係で説明したものである。説法を聞いた山賊どもは忽ち改心し、仏に帰依し、奪った物を悉く返し、あまつさえ、都の南の入り口法性寺辺（現在の東福寺辺）まで送っていったのである。

翌日、小童が小さい袋を持って澄憲を尋ねてきた。袋を開いてみると髻が三つ入っている。手紙がそえてあり、「昨日の御教化を承りて忽ちに発心の者三人、かれが本鳥に候」と書いてあった（同上）。

改心した盗賊（二）

かの有名な学者官人三善清行（八四七―九一八）の八男は僧侶で浄蔵といった。天暦（九四七―五六）の頃、かれは八坂寺に住んでいたが、あるとき強盗の群が寺に乱入してきた。ところが、どうしたことであろうか。松明をともし、太刀を抜き、眼を見ひらいた盗人どもが、寺の中で立ちすくみ、動くけはいもない。数時間たって夜明けになると、浄蔵は寺の本尊に「はやくゆるしつかはすべし」と申しあげる。盗人らは、何もせずに逃げていった（『古事談』）。

それがいつのことか明らかではないが、西国から物資を積んで都をめざす船が明石の沖で海賊に襲われ、乗組員数人が殺害され、品物をことごとく奪われた。船主と下人一、二人は海にとび込み、陸に泳ぎついて助かった。海辺で泣いている人びとを見て、ところに住む陰陽師の智徳法師が事情を聞き、「かわいそうに、品物を取り戻してやりましょう」という。「昨日のいつ頃のことでしたか」との智徳の問いに、船主はそのときの様子を語った。

智徳は船主と一緒に小さな船に乗り沖に出て、船主の示す場所に船を浮かべ、海の上に字を描いて呪文をとなえ、陸に戻る。海賊に遭ったという日から七日め、いずこともなく漂い出た船があった。これはかの海賊船であった。盗られた品物を取り返したことはもちろんであるが、智徳は人びとをなだめて、盗人たちを逃がしてやったという（『今昔物語集』）。

都に住む説経師、聖覚法印とも清水法師ともいわれるが、ある日、法事を頼まれて、多くの布施物を貰い帰るとき、賀茂の河原で賊に待ちぶせされ、布施を奪われた。法師は、

「何ぞ電光朝露の小時のこの身のために、阿僧祇耶長時の苦因を造らん」

と澄んだ声で二、三度詠じた。賊どもは、何となく貴く思われ、身の毛もよだち、何であなたは、こんなときに心静かにしていられるのかと問う。法師が生死無常の道理、因果の道理などを弁舌さわやかに説くと、賊どもは発心入道したと伝える（『沙石集』）。これは、奈良坂で襲われた澄憲の話と同工異曲である。

雲林院の聖人

京都紫野の雲林院で菩提講を始めた聖人は、もと鎮西の人で、札つきの盗賊であった。七回も捕らえられ獄舎につながれた、したたかな盗人であった。検非違使らは、札つきのどうしようもない者だから、二度と盗みもできぬように足を切ってしまおうと、盗人を河原にひき出し、いまや足を切断しようとしたとき、通りかかった相人があった。相人とは、人相見、また占いをする者である。かれは、盗人の顔を見て、「私に免じて足を切るのはやめてほしい」と検非違使に求めた。検非違使は、このような極悪人を赦すわけにはいかないと答えたが、相人は、この盗人は必ず極楽往生する相の出ている者だからと、つよく主張し

た。「どうしても切ろうとするなら、私の足を切れ」と相人は、盗人の足の上におおいかぶさった。

結局、話は検非違使の長官殿のところにまで通じ、足を切らずに追放ということになった。盗人は道心を発して法師となり、日夜弥陀の念仏を唱え、ついに極楽往生したという（『今昔物語集』）。

ここに出てくる菩提講とは、法華経や念仏の功徳で後世の菩提を念ずるもので、京の六波羅蜜寺でも行われたが、雲林院のそれが著名であった。雲林院の菩提講は源信が始め、無縁上人があとを継ぎ発展させたという。もと盗賊という聖人こそ無縁上人であるとの説がある。

信仰あつい盗賊多々寸丸

播磨国の赤穂郡に盗人の一党がいた。街道を往来する人びとの物を奪い取り、また国内をめぐっては人家に押し入り、財物を奪い人を殺した。そこで国を挙げてこの盗賊を追捕した。みな捕らえられ、ある者は首を斬られ、足を断たれ、また獄舎につながれた。

その中に、童髪の二十歳ばかりの強力の盗人がいた。重罪だというので、縄で手足をしばり、はりつけにして弓でこれを射させた。ところが、どうしたことか、矢は盗人の身に立たず、はね返されてしまうのである。盗人は、矢が当たっても少しも痛くないという。不思議に思って尋ねると、少年の頃から法華経の第八巻を持して、毎月十八日に精進して観音を念じてきた、昨夜、夢の中に僧があらわれ、われ汝の身に代わりて矢を受くべしと告げたという。播磨国庁では、この盗人を赦して追捕使の従者として召仕った

（『大日本国法華経験記』、『今昔物語集』）。

盗人の裏をかく

十世紀のはじめ、藤原親任（ちかとう）（相如（すけゆき）の子、正五位下）という人物がいた。万寿三年（一〇二六）伊勢守だったとき同国の百姓らに非道を訴えられたことでも知られるが、かれの妻は筑後守源忠理（ちくごのかみみなもとのただまさ）（生没年未詳）の娘であった。忠理については、治安三年（一〇二三）に、斎院（さいいん）庁の倉に置いた皮籠（かわご）一八合を盗まれたという事件が知られている。さて、その忠理の話である。

ある日、かれは方違（かたたがい）と称して、近くの身分卑しい者の家をかりた。大路に面した檜垣（ひがき）（檜（ひのき）のうす板を網（あ）代（じろ）に編（あ）んだ垣根）に沿（そ）って寝所をしつらえてあったので、そこで寝ていた。雨が激しく降って、やがてやんだが、夜中に人の足音がして、寝所のそばの檜垣（ひがき）のところに立っているけはいである。自分が狙われるようなことはないから、もしかして、この家の主人を殺そうとしているのかもしれぬと、恐ろしくて寝られずにいる。従者もつれてこなかったので、耳をそばだてて聞いていると、どうも、どこかの家に押し入って物を盗（と）ろうとの相談をしているようであった。聞いていると「筑後前司」などといっている。なんと、わが家に盗みに入ろうという話ではないか。しかも、その手引きをするのが、信頼してわが家で召使っている人間なのだ。ひそひそ話をしていた二人は、「では明後日」と立ち去った。

近頃の人たちなら、夜の明けるのも待たず、宿直・警衛の人数をふやし、手引きする侍を捕らえて訊問（じんもん）

し、検非違使にも知らせるところであろうが、以前の人は、昔ふうでおおらかであった――と『今昔物語集』の作者は語る。忠理は手引きの男をしばらく外出させ、妻や娘も、あらかじめ他の用事にかこつけて他所へ移した。そして家の中の物はひとつ残らず他所に運び出してしまった。当日、暗くなって、手引きの男も帰ってきていたが、無人のけはいも見せず、ふだんどおりに振舞い、夜が更けると、ひそかに家を出て近くの家に泊まったのである。

やがて盗人らがやってきて、まず門を叩くと、手引きの男が門をあけて中にいれた。一〇、二〇人ばかりの盗人が入ってきた。しかし、家の中は空っぽで、家財など何もない。盗人たちは手引きの侍を捕らえて「我等ヲ謀ッ」ったなと足げにし、車宿（牛車を入れるガレージ）の柱に、ぎゅうぎゅうにしばりつけて去っていった。

忠理が暁になって家に帰ると、かの侍がしばられている。もちろん、かれは事情を知っているのだが、「どうしたのだ」とおかしさをこらえて尋ねると「昨晩入った盗人が怒って、しばっていきました」という。やがて件の侍は罰をうけることもなく過ぎ、いつしか家を去っていったという。

これには後日譚がある。忠理はのちに侍を二人雇った。他所に預けた荷物はそのままにしておいたので、家の中にはほとんど品物がなく、大きな唐櫃がひとつあるだけだった。ある日、近所に火事があって、二人の侍はこれを運び出し鏁を捻じ切って開けてみると、からっぽだった。二人はじつは盗人で、この唐櫃にこそ宝物が入っているに違いないと期待していたのであった（『今昔物語集』）。

盗賊の家に宿る

大宰大弐小野好古（八八四―九六八）の子に、二十歳ばかりの身心ともにすぐれた男子がいた。小野の家は、武門の家柄でもないが、力もつよく、きわめて勇猛であった。好古は子を伴って鎮西に下った。現地には、大宰少弐で筑前守だった藤原永保なる人物がおり、ここに美しい娘がいた。子ども同士は夫婦となり、若い夫は官の望みあって都に上る。妻を伴い、郎等二〇人ばかりをつれ、多くの物を背負わせた馬をひいて旅に出たのである。

何日か経った夕方、一行は播磨国の印南野にさしかかる。折しも十二月、風はつよく吹きつけ、雪もちらつく、あいにくの天気となった。すると、北の方から馬に乗った五十歳ほどの法師がやってきて、

「自分は筑前守どのに年来仕えた者で、この辺に住んでいる。ご上京と伺い、ぜひご休息いただければと思いやってきたのです、どうぞ私の家に来て休息して下さい」

という。つよくすすめるので、さらばと、一行はその家に赴いた。その家は、山のほとりに築垣を高くめぐらし、数棟の建物のある広壮な屋敷であった。

さて、夜深くなって、枕もとの遣戸を開く音がした。誰かと起きあがる間もなく、髪をつかまれ引きずり出される。その男は、「金尾丸はいるか、いつものように始末せよ」と命ずる。金尾丸なる男に引きずられて脇戸をめぐると、その内に、深さ三丈（約九メートル）ばかりの深い穴があり、底には竹ぶすまがスキなく立ててある。いつも、旅の者を泊めては酒に酔わせ、つき落として殺すのである。

落とされてはたまらないと、扉の方立（小柱）にとりついて、あらがううちに、逆に金尾丸の方が穴に落ちて死ぬ。郎等たちはどうしたかと見に行くと、みな酒を飲まされて死んだようになっている。板敷の下に身をかくしていると、盗賊の法師が妻にいい寄っている。妻の機転で自らの太刀を取り戻した若い夫は、長谷の観音を念じ、ついに法師を打ち殺す。その家に召しつかわれていた者たちを解放し、ことの由を都に報告した（『今昔物語集』）。

機転で難を逃れる

都の西の京に、史官阿蘇某という者がいた。小柄な男だったが、盗人の如く胆の坐った人物であった。公務があって内に参り、夜ふけて家に帰ることになった。東の中の御門（待賢門）から出て車に乗り、大宮大路を南に向かって行きながら、車の中で、かれは奇妙なことを始めた。

かれは、着ていた装束を脱ぎ、たたんで車の畳の下にかくし、冠をかぶり、足袋をはいた裸姿で坐ったのである。車は冷泉院の角から二条大路を西に進んで行き、美福門院を過ぎる頃に、盗人が走り出て、牛飼の童を打ち追い払い、後ろについてきた雑色二、三人をも追い払った。盗人が車の簾を引き剝いで中を見ると、史の某が裸で坐っている。驚いた盗人が「これはどうしたこと」というと史は笏を持ち、身分の高い人に向かってものを申すように、いささか芝居がかって、「東の大宮で追剝ぎにあい、装束をすべて取られてしまいました」と述べると、盗人たちは笑って去っていった（『今昔物語集』）。

僧侶某は豊後の国の講師に任命され赴任したが、六年の任期が終わって都へ帰ることになり、しかるべき財物を船に積んでいくこととした。知人が、「近頃は海賊が多いですから、しっかりした警固の兵士をつれていかないと無用心ですよ」と注意した。しかし講師は、「いや海賊なぞに取られるものか、こちらで海賊の物を取ってやるよ」と、一人の兵士も乗せなかった。

国ぐにを通りしばし行くと、あやしい船が二、三艘出てきて、講師の船を囲むようにしている。うちの一艘が近づいてくると、講師は緑色の織物の直垂を着て、柑子色の紬の帽子をかぶり、海賊に向かい叫ぶ。「そこに来たのは誰か」「食に困っている者です、食糧を少しいただきたい」という。そこで講師はいう。

「船には食糧も少々あり、絹織物なども多少はある、これらは欲しいだけあげよう、しかし、筑紫の人びとがこのことを聞いたらどう思うだろうか、『あの武名高い伊佐入道が海賊にしばられて船の積荷を取られた』と嘲笑するだろう、私はもう八十歳にもなり、これまで生きてこられたのも不思議なくらいだ、いまさら何も恐れるものとてない、早く船を漕ぎ寄せ、私の頸を切り、欲しいだけ持って行け」

海賊どもは、あの伊佐入道が船にいるのか、早く逃げよと、飛ぶように逃げ去ったという（同上）。この話、伊佐入道が武勇を以て鳴る人物であったらしいことはわかるが、実際にいかなる人物であったかは未詳である。肥前国府知津之惣追捕使伊佐平兼元に宛てる説もあるが定かでない。

追剝ぎを撃退した僧

比叡山の西塔の実因僧都は、たいへん力のつよい人であった。たとえば、両足の指の間に八個の胡桃を挟み、すべて砕いてしまうという物凄さであった。

天皇が御修法を行われたとき、僧都は加持に参り、夜ふけて退出し、衛門府の武官たちの詰所から、ただ独り歩き始めた。月の明るい夜で、武徳殿の方に歩いて行くと、男が近よってきて、

「独りでいらっしゃいますか、私が背負ってさしあげましょう」

という。僧都を背負った男は西の大宮二条の辻まで走り、ここでおりよといい、僧都の衣を剝ごうとする。盗人であった。僧都は、寒いので脱ぐわけにはいかないよと、背負われたまま、男の腰をぎゅっと挟みつけた。その力強さは、太刀などで切られるほど痛かった。男は音をあげ、詫をいい、ご所望のところに参りますという。僧都は、宴の松原で月を見たい、つぎは右近の馬場へ行け、喜辻の馬場へ行けと、あちこち背負わせたまま歩かせ、最後には西の宮に行かせた。こうして終夜、追剝ぎは歩かされ、へとへとになってしまった。暁になって、男はほうほうのていで、いずこかへ逃げ去った（『今昔物語集』）。

京都嵯峨広沢の遍照寺に住む寛朝僧正（九一五—九八）は、敦実親王の子で、仁和寺の別当も兼ねる高僧であった。あるとき、寺の修理をするというので、工人（職人）らが足場を組んだのを点検していたところ、突然、僧正の前に覆面の男があらわれた。暗がりで、「何者か」と問うと、男は片膝をついて、

「私は貧しく、この寒さにふるえています、あなたの着物を下さい」

といい、いまにもとびかかって僧正の衣を剥ごうという、恐ろしげな有様である。僧正は、素早く男の尻をけとばす、と男の姿が見えなくなった。僧正は、

「火をともして集まれ、引剥ぎの男の姿が見えなくなったので探せ」

と大声で呼ばわった。僧侶たちが灯火を持ち刀をひっさげて走ってきた。人びとがあちこち探すと、男は足場の高いところに挟まれて動けなくなっており、世にも悲しげな顔をしていた。蹶あげられて、足場にとばされたのである。それにしても、寛朝僧正の強力には、人びとも恐れ入った次第であった（同上）。

弓の名手行快と海賊

のちに第二十三代の熊野別当となった行快の若い頃の話である。三河国から熊野へ行こうとして、伊勢国の伊良胡の渡りで海賊に襲われた。賊の船が近づき、「積んでいる御米を頂戴したい」という。「これは熊野三社に納める御米である。その要求には応じられない」「いや、熊野の御米と知っているからこそ遠慮して申しているのだ」と賊はいう。

行快は腹巻を着て、弓と蟇目の矢と神頭の矢（狩猟用の矢）を持って船のへさきに向かい出て、「お前たちの要求には、とうてい応じられない、取れるものならば力づくでも取ってみよ」と叫ぶ。すると、海賊の一人が武装して進み出で言葉たたかいを始める。しばし舌戦ののち、行快は蟇目の矢を海賊に向けて放った。海賊は腰をかがめて矢をそらしたが、立ちあがったところへ神頭の矢がとんできて眉間を打ち抜か

れた。この手なみに驚いた賊は、「いったいあなたはどなたですか」と問う。「お前らはこの行快を知らぬのか」というと、賊は驚き、「はじめから、そう仰言（おっしゃ）って下されば、こんなことはせぬものを」と逃げ去った（『古今著聞集』）。

二 男と女

八坂の塔に住む盗人

身よりもない貧しい女がいた。せめてもの頼りにということか、つねづね清水寺（きよみずでら）にお詣（まい）りしていたが、とくにご利益（りやく）とてなかった。例のごとく寺に籠（こも）り、「これほどお詣りしてきたのだから、少しはご利益を与えて下さい」とうらみがましく観音にお祈りした。うとうとして、夢の中にひとりの僧が出てきて、「家に帰るとき、道で話しかけてくる男があったら、その男のいうことにしたがえ」というのを聞いて目覚（めざ）めた。

夜ふけではあったから、いそぎ帰ろうとすると、大門の前に一人の男が立っている。私についてこいというので、夢のお告げを思い出し、あとについていくと、八坂寺（法観寺）の内に入って行く。わりない仲になった女は、男にいわれるまま、ここで生活することになる。男は奥の方から綾（あや）一〇疋・絹（きぬ）一〇疋に錦（にしき）などを取り出してきて女に与えた。

男は、夕方には帰るぞといい置いて出かけて行った。五重塔（現在の塔は十五世紀のもの）の中には老いた尼（あま）が一人いるだけで心細いこと限りない。奥の方を見ると、そこにはあらゆる品物が置いてある。女は、男が盗人であると気づく。尼が水汲みに外へ出たすきに、女は自分が貰った品物を持って逃げだし、五条京極辺の知りあいの家にかけ込んだ。すると、外がさわがしい。盗人がつかまったぞという人びとの声がする。

戸のすき間からのぞくと、放免や看督長ら検非違使庁の役人が男をひきたてていく。女はこれを見て気絶しそうになる。自分が昨夜寝た男ではないか。看督長らは男をひきたて、八坂の塔にかくしてある盗品の検分に行くところだったのである。ああ、塔の中に居たらどんなことになっただろうかと恐ろしく、身のおきどころもない心地であった。女は観音の加護に感謝し、持ち帰った綾・絹・錦などを少し売って貯えとし、やがて夫を持って幸せに過ごすことができたという（『今昔物語集』）。

盗人の娘のムコになった男

両親に先立たれた男の、妻もなく財産もない者が、どこかに金持ちの女はいないものかと探し尋ねたところ、ある人から、独り身のふさわしい女がいますよと教えられ、訪ねて求婚した。女も承知したので、男は女の家に通うことになった。

家のありさまを見ると、いかにも立派な造りようで、豊かに思われたし、家の女たちはみな恥かしくない着物をきて、召使いの女もきちんとしていて、牛車なども結構なものであった。これぞ仏神の助けと男は思った。そのうち、女が妊娠三か月となった頃、ある日、障子の向こうに一人の男が立った。紅の衣に蘇芳染(すほうぞめ)の水干を着て、髪をうしろに結(ゆ)い、烏帽子(えぼし)もつけず、ちょうど鬼の面(めん)をつけたような顔だったので、てっきり昼強盗(ひるごうとう)だと思い、枕もとの太刀(たち)をとり「何者か」と大声をあげた。

じつは、この盗人と見えた男は女の父親であった。「いつまでもかくしておくわけにはいかないので、事情を説明します。あなたの妻となった者は私のひとり娘です。女親もいないので、然るべき人が娘をかわいがってくれればよいのだがと思っていたところ、あなたが通って下さって、幸いなことだと思っています。どうぞ、ご自由に何でもおつかい下さい」と、蔵(くら)の鎰(かぎ)を五つ、六つとり出して前に置き、また近江国の所領の券文(けんもん)だといって、束ねた文書を三結(みゆい)置いた。

男は恐ろしくも思ったが、もし女を見捨てれば、父親はきっと自分を殺すだろうと思い、女ともわかれ難い心地もして、そのまま居ることにした。さて貰った鎰で蔵を開いてみると、財宝は屋根にとどくほど積まれている。近江国の所領からの収入と合わせて、楽しい生活が続いた。そしてある日、一通の手紙が男の許に届いた。

「申しあげた通り、蔵の物をおつかい下さり、近江の所領をも知行されてうれしく思っています。じつは、私は近江国のしかじかと申す者でありましたが、不慮に人に謀(はか)られ、敵(かたき)を討つのだとだまされて盗人の手だすけをしてしまい、捕らえられました。やっとのことで逃げだし、命ばかりはたすかりましたが、顔面に深い傷を負い、鬼のような顔になったのです。世にあるときは豊かな財産を持ち、この家も造ったのです。娘を家に置き、あなたのような方の出現を待っていたのです。」

と、このような趣旨のことがかな交り文で書かれていた。漢文で書かれていなかったことは、男の素姓の卑しさを想像させるものであったが、だまされて盗人の手助けをしたばかりに後半世を世間から逃れ送らなければならなかった男の、かなしい物語であった（『今昔物語集』）。

女盗賊

藤原隆房（一一四八―一二〇九）が検非違使庁の別当だったときというから、文治三年（一一八七）から同五年頃のことである。京の白川に強盗が入った。その家に、力のつよいしっかり者の男がいて強盗たちと戦っていたが、争いの混乱の中で、男は何となく強盗集団の中に紛れ込んでしまった。どうやっても強盗たちを打ち負かすことはできないのだからと、このまま集団についていって、かれらが引きあげていって盗品を分配するところまで行き、盗人の顔を確かめ、解散したあと、盗人の住まいもつきとめようと考えたのである。

盗人らは都のはずれの、淋しい朱雀門のあたりに行き、盗品を分配すると、そこで解散した。男は、としの頃二十四、五の首領とおぼしき者を尾行したが、四条大宮の検非違使別当の邸宅の西の門のあたりで見失った。翌朝早くその地に行くと、道に血がこぼれている。盗人が負傷して血を流しながらやってきたにちがいない。血は点々と続き、別当邸の門のところで消えた。家に帰って主人に告げると、主人は別当邸に赴き、事の由を語る。別当がおどろき調べると、血は北の対の車宿まで続いていたから、女房の局に盗人がひそんでいるに違いないと判断し、女房どもを全員呼び集めた。ところが、ただひとり病と称して出てこない者がいる。無理やり呼びよせ、かの女の局を調べると、血のついた小袖（こそで）が見つかった。さらに探索して部屋の敷板をあけると、さまざまな品物がかくしてある。何と驚いたことに、女房大納言殿、かの女こそ盗人の首領だったのである。

別当はたいへん驚き、使庁の官人に命じて捕らえ獄につないだ。見物人は市をなし、身うごきできぬほどであった。〝きぬかづき〟を脱がせて顔をあらわにすると、二十七、八ばかりの女で、細身の優美な女房だったから、誰ひとりとして驚かぬ者はなかった。昔こそ「鈴鹿山の女盗人」の話もあったが、近頃はめずらしいことだと人々はうわさした（『古今著聞集』）。

この説話は、当時の盗賊集団のあり方をよく物語っている。男が混乱のまぎれに盗賊集団に入り込み、しかも盗品の配分に与っていることから、集団が固定的な構成員から成るものではなかったことがわかる。おそらく、首領とそれに従う固定メンバーと、仕事のたびに集められる者と、構成員には二種類あることが推測される。首領が検非違使別当家の女房であったことも驚きであったが、かの女がなぜ盗賊団の首領になったのか、その経緯は不明である。それにしても、盗賊集団の解散場所が朱雀門の辺りであったことにも注目される。朱雀門辺が淋しい恐ろしい場所であったことはよく知られている。源博雅が深更に笛を吹きながら朱雀門前を過ぎるとき鬼が感嘆したという話がある（『江談抄』、『十訓抄』）。朱雀門を舞台とする説話は多い。

女盗賊の情夫

三十歳ばかりの丈のすらりとした男が、あるところで見知らぬ女に誘われてその家に入り、すっかり女の魅力にとりつかれ、かの女の意のままに行動するように仕向けられる。笞で背を八〇回もたたかれ、かまどの土を水にといて呑み、酢を呑ませられる。三日ほどたつと、また同じようにたたかれる。このくり返しで男はきたえられていく。女は盗賊の首領であり、男を情夫とし、盗賊団の一員として訓練を施したのである。

ある日、いわれるままに指定の場所に行くと、色白の小柄な男に従う二〇人ほどの男どもにあう。その他に下衆二、三〇人ばかりも控えている。二〇人の男どもは首領に直属する盗賊団であり、下衆どもはその都度雇われる者どもであろう。

盗賊どもは大きな屋敷に押し入り物を奪い、舟岡のあたりで盗品を分配して解散した。家に帰ると女は男に食事を与え、そして愛情を示す。こうしたことのくり返しで一、二年がすぎる。

あるとき、女がいつもと違って心細げに泣いていう。「心ならず別れなければならないこともあるかと思うと悲しい」などという。そしてある日突然、首領の女をはじめ、盗人たち全員が姿を消し、女の家も跡かたもなく消え失せてしまった。ひとり残された男は、二、三度ほど盗みをして、結局捕らえられてしまった（『今昔物語集』）。

この説話でも、やはり注目されるのは、盗賊集団の構造についての記述である。首領を中心にして、二〇人ほどの盗人がおり、さらにその周縁に「下衆」の盗人が二、三〇人いるという二重構造になっている。

宿泊人は夫を殺した男

ある寺に、阿弥陀仏の名号を唱え、極楽往生の教えを唱導し諸国をめぐる僧がいた。鹿の角をつけた杖をつき、鉢をたたき、あちこちと阿弥陀仏を勧めて歩く、空也を祖とする念仏踊の徒、いわゆる聖である。

この僧、ある山の中で荷を負った男と行きあった。二人はいっしょに歩いて行ったのだが、男は道の傍らに寄り弁当をたべた。僧は行きすぎようとしたが、男に呼びとめられ、食物をわけてもらった。それなのに、僧は悪心を起こし、「どうやら他に人の通るけはいもない、この男を殺して荷物や衣類を盗ってやろう」と思い、金杖で男の首を突き、うち殺して物を盗り、とぶように走り去った。

ひと山越えて、遠くまで走り、人里にやってきた僧は、ある人家の前で立ちどまり、宿をかりたいと申し出る。女主人は、夫は出かけているが、今夜ひと晩はお泊りくださいと家に入れた。

下衆の小さい家であったから、僧をかまどの前に坐らせた。かまどの前というから土間ということであろう。ところで、女主人が、僧の着ているものをちらりと見ると、袖口から、夫に着せてやった布衣の袖に染革を縫いあわせたのと似ているのが見えた。よく見ると確かに夫の布衣である。

女主人はひそかに隣家に行き、ことの由を語る。そこで邸内の屈強の若者四、五人を家に呼び、くつろいでいる僧をしばりあげ拷問にかけたが自供しなかった。別の若者が僧の持っていた袋をしらべると、その家の主人の物がみな入っている。いよいよ間違いないと、僧の頭の上に、坏（皿形の容器）に火を入れたのを置くと、熱さに耐えかねて、とうとう白状した。村の者たちが山の中に探しに行くと、死骸は幸い犬や鳥に喰われることもなく、そのまま横たわっていた。犯人の僧を村につれ戻ってもしかたがないと、その場で張りつけにして射殺した（『今昔物語集』）。

夫は盗賊

鎮西から都にのぼってきた男が、家の隣りの下女のなかだちで、美しい女とねんごろになった。男は郷里へ帰ることになり、女を伴って西へ下った。

男は働きがあり、生活も豊かだった。しかし、二、三年いっしょに暮らしているうちに、女は男が盗人であることを知る。悩んだ末に、あるとき女は男に向かって、もう盗みなど危いことはやめてほしいと頼む。

女は、きっと男に殺されるだろうと覚悟した。四、五日たつと、男が近所に湯浴に行こうという。男は女を馬に乗せ、自らも騎乗して、従者二人をつれて出かけた。女はひたすら観音を念じて、後生助け給えと祈った。

やがて、片側が山で、その前に沼のある場所に着いた。細い道を歩きながら、女は男に、用を足したいという。男が監視するように近くにいるので、女はもっと遠くに離れてほしいと要求する。どうせ殺されるのならば、いっそ沼に身を投げようと、着ていた衣を脱いで市女笠をその上に置き、水に入り沖の方に這っていった。観音の助けであろう、不思議なことに、女は溺れもせずに水中を這っていくことができた。女の姿を見失った男は、まさか沼に入ったとは思わなかったので、山の方を探したりしたが、夕暮れになり、あきらめて家に帰ってしまった。

女は浅い所にたどりつき、見ると人里に近い。人家に近づくと、杖をついた翁が出てきて、どうしたのかと問う。しかじかと語ると、女に衣を着せ、食い物を与えた。翁の娘は国司の館に仕えており、女のことを国司の息子に語った。息子は女のもとに通い親しくなり、事の次第を聞くと、父の国司に盗人のことを告げた。国司は使を遣わし、盗人を捕らえて首を斬ったという（『今昔物語集』）。

盗人にかこつけて夫を殺す

延喜年間（九〇一―二二）というから醍醐天皇のときのことである。ある夜、天皇が蔵人を召して、辰巳の方角に当たって女の泣く声が聞こえる、ただごとではない、早く行って調べよといわれた。

蔵人は守衛の兵士に命じ、たいまつを燃して内裏の内を探させたが女の姿はない。その旨を天皇に申しあげると、天皇はさらに探せと仰せられた。ついに京中を探索し、都のはずれの九条堀河の粗末な家に、女の泣き声を聞きつけた。

まさか、こんな遠いところの女の声が天皇のお耳に入ったとも思えぬがと、不審に思いながらも、蔵人は兵を走らせ報告した。すると天皇は、その女をつれて参れといわれる。早速搦め捕り、訊問すると、女は「今夜盗人が入り夫を殺害した」という。しかし天皇はこれを疑い、女を内裏の外に連れていって検非違使に取調べさせた。はじめはしらをきっていた女も、ついには白状し、間男（密夫）と共謀して夫を殺したという。

犯罪をごまかすために、嘆き悲しむさまを演技していたのであった。それにしても、遠く離れた九条での女の泣き声が天皇の耳に届いたのも不思議であったが、女がうそ泣きしていると看破った天皇の力はたいしたものであった（『今昔物語集』）。

三つ児の魂

ある夏のこと、家の主が、できの良いまくわ瓜が手に入ったので、夕方帰ってきたら人に贈ろうといって、一〇個ほどを厨子に入れて、「出かけてくるが、決してこの瓜を取ってはならぬぞ」といい置いた。ところが、外出したあと、この家の七、八歳ばかりの男の子が厨子をあけて瓜をひとつ取りたべてしまった。

夕暮れに主が帰ってきて厨子をあけると、瓜がひとつなくなっている。家の者たちは、みな「知らぬ」というが、「間違いなく家内の者のしわざだ」と仮借なく責めたてると、召仕う女が、「若様が厨子をあけているのを見ました」と告げる。これを聞くと、主は何もいわず、その地域に住むおもだった者たちを呼び集めた。

何事ならんと家の者たちがいいあっていると、郷の古老・大人どもが集まってきた。主は「瓜を盗んだ児を不孝に処する（勘当する）ので、皆さんの連判がほしいのだ」という。「いったい、どういうことだ」という声に、「ただ、いささか思うところあり」と判を求めた。家の者どもは、「瓜ひとつばかりで不孝に処するなど、どうかしているんじゃないか」というが、どうしようもないし、母親も、もちろん口を差しはさむことができない。恨み言はいうが、主は「女々しいことをいうな」と、とりあわない。

このことがあってから何年もたち、不孝に処された児も長じて、元服もして暮らしていたが、親子が顔を合わせることはなかった。そのうち、児はしかるべきところに奉公し、そこで盗みを働き、捕らえられた。問われるままに「私は某の子だ」と述べた。検非違使がこの由を別当に告げると、「親についても取調べなければならない」という。庁の下部が盗人の男を先に立てて父の家に行き逮捕しようとすると、主はいう。

「この男は私の子ではない、以前に不孝に処し親子の縁を切り、以来数十年顔も見ていない」

と。納得しない下部どもは、ののしり、おどしたりしたので、主はかの、在地の者どもの判を捺した文書を示し、また判を捺した人たちを呼び集めて証言させた。そこで、下部の一人が立ち戻り、検非違使を通じて、この旨を別当に告げると、「親の関知せぬことだ」という。下部たちは盗人の男をひったてて帰り、獄舎につないだ。人びとは、家の主のおもんばかりを称えたという（『今昔物語集』）。

三　狙われるお寺

小屋寺の鐘

摂津国河辺郡に小屋寺（こやでら）という寺があった。この寺は、むかし行基（ぎょうき）大僧正が開いたという由緒ある寺で、正しくは「昆陽（こや）」寺と書くのである。その寺に、あるとき、八十歳にもなろうかという老法師がやってきた。

「私は西国からやってきて、都へ行こうと存じますが、年もとり、身体も疲れて、これでは都に上（のぼ）ることもかなわぬ有様です、どこでもよいのですが、このお寺にしばらく居らせてください」

というので、住持の僧が「適当なところがないのですよ、囲（かこ）いのない廻廊（かいろう）では風雨にさらされ、身体に悪いでしょう」というと、件の老法師は、「では鐘（かね）つき堂の下に居らせてください」という。住持も、「それはいい、どうぞそうしてください、そして鐘をついてくだされば、なお結構なことです」というから、老法師はたいへんよろこんだ。

この寺には鐘つき法師がいて、それまで鐘をついていたのであるが、住持が事情を話し、老法師が居られる間は、あなたは休んでいてくださいと告げると、鐘つき法師も承知した。鐘つき堂には莚や薦などがあり、老法師はそこで休んだのである。

さて、ふた夜ほど、この老法師は鐘をついたが、その次の日の巳の刻（午前十時）頃、鐘つき法師が老法師の様子を見にきて戸を開けてみると、なんと死んでいるではないか。そこで寺は大さわぎになる。「素姓も知れない老法師を泊めたから、こんな穢を出すことになるのだ、住持の責任だ」とわめく者もあったが、いまさら仕方のないことだと、郷民たちを集めて死人を運ばせようとした。しかし、郷の者たちは「神社の祭礼も近いことであるし、穢に触れるわけにいかない」と拒否した。

そのうち、午後になり、としの頃は三十歳ほどの男が二人やってきて、「この寺の辺りに年老いた法師が来ませんでしたか」と尋ねる。その法師なら今朝死んでしまったと告げるや、男は、

「ひと足おそかったか、その老人は私どもの父です、としよりの一徹さで、気に入らぬことがあると家出をするのです、播磨国明石郡に住んでいるのですが、先日居なくなり、手を分けて探していたのです。私どもは並以上の生活をしており、家には田地一〇町余があり、近隣にもわが家の下人が多数おります」

などという。死者を見て嘆き悲しみ、お葬式の用意をしますからと、いったん戸を閉めて去っていった。

夜の八時ころ、四、五〇人もの人びとが、どやどやとやってきて死んだ老法師を運び出した。なかには武装した者もたくさんいた。寺の僧侶たちは、みな僧坊の戸をたてて、その様子を見る者もなかった。寺

から一〇町（約一〇〇〇メートル）ほども離れた松原の中で終夜念仏を唱え鉦をたたく音が聞こえた。

その後、誰も鐘つき堂に近づく者もなく、穢が解けるまで三〇日間は鐘をつくこともなかった。忌があけて、鐘つき法師が掃除をしようとお堂にやってくると、何と鐘がなくなっているではないか。それから大さわぎになり、あの老法師の葬儀は鐘を盗む謀だったのだと気づく。寺僧や郷民らが松原に行ってみると、大きな松の木を伐って燃料とし、鐘を焼いたあとが歴然としていた（『今昔物語集』）。

話の舞台となった昆陽寺には「天平勝宝元年己丑二月十五日」の銘を持つ鐘があったが、いつの頃か失われ、嘉暦元年（一三二六）に再鋳された。しかしこの鐘も現在は亡失している。ただし、平野博之氏によると、天平勝宝の銘文は信憑性の乏しいものであるという（『日本歴史』一二六号）。

地方の市で

紀伊国安諦郡（現有田郡）の私部寺の前に一軒の家があった。あるとき盗人が入り、絹の衣一〇枚をとられてしまった。日頃、妙見菩薩を信仰していた家人は、絹が戻りますようにと心をこめて祈った。盗人は盗んだ絹を木（紀伊）の市の市人に売り払った。それから七日もたたぬころ、突然つむじ風が起こって絹を空に捲きあげ、南へ飛び、もとの持主の家の庭に落とし、風は天に去っていった。市人はその話を聞き伝え、絹の衣が盗品であったことを知ったので、あえて騒ぎたてることはしなかったという（『日本霊異記』）。

河内国若江郡遊宜（弓削）村（現大阪府八尾市）に、修行をよくつんだ尼さんがいた。この尼さんが、山ひとつ越えた大和国平群郡（現生駒郡）の山寺に住み、寄進を募って（「知識をひく」という）四恩のために尊像を描いた。その中に六道（天・人・阿修羅・地獄・餓鬼・畜生）の絵を描いたものがあり、供養したあと寺に安置した。近所の評判になったのであろうか、求められると、あちこちで人に見せたりしたのであるが、これが盗まれてしまった。泣き悲しみ探し求めたが、ついに見つからなかった。尼さんは人びとの寄附を募って放生（生きものを放つ仏事）を行おうと思いたち、難波に行って魚類などを買おうとした。難波の市をあちこち見て歩き、帰ろうとすると、市の樹にかけられた背負い籠の中から何やら、さまざまな生きものの声がする。これを買って放そうかと思い、籠の持主の現われるのを待った。やや久しくして持主がきたので、「待っていました、籠の中から生きものの声がしますが、買いたいのですが」というと、その男は「生きものではない」といいはる。このやりとりに市人らが集まってきて、その籠を開けてみよという。持主は恐れて籠を捨てて逃げていった。あけてみると、中には画像が入っているではないか。尼さんは、思いもかけぬことと大よろこびで、うれし涙を流した。人びとは稀有のことだとほめた。尼さんは画像を寺に持ち帰り安置し、人びとの崇敬をうけたという（同上）。

　備後国葦田郡屋穴国郷の穴君弟公は伯父の秋丸といっしょに深津市に赴く途中、竹原で伯父に殺された。伯父は奪った馬・布・綿・塩を持って市に行き、馬は讃岐国の人に売り払い、その他の物は自分で消費したという（同上）。

奈良の東市で

河内国に利苅村主（とかりのすぐり）という女がいた。俗形のままで仏道を修め、利苅の優婆夷（うばい）と呼ばれていた。聖武天皇のときのことであるが、夜ねたまま病もなく死んでしまい閻羅王のもとに行った。王は優婆夷が心経を読む妙（たえ）なる声の評判の者と知っていたから、ぜひその声を聴きたいものだと求めた。優婆夷が経を読むと王はよろこび、三日後に還れと促した。かの女は生きかえったのである。王宮の門を出たところで黄衣を着た三人の人物に会った。かれらは、三日後に東の市であなたに会うでしょうと告げる。三日めの朝、優婆夷は市に行き一日中待っていたが、三人は現われない。すると賤しき者がひとり、東の門から市の中に入って、経を見せびらかしながら「誰か経を買はむ」と呼びかけ歩き、優婆夷の前を通りすぎ、西の門から出ていった。優婆夷は使の者を走らせて経売りを呼び戻し、経を開いてみると、なんとそれは、かの女がむかし書写した梵網経二巻・心経一巻であった。いまだ供養もせぬうちに盗まれたものであったが、そのことはいわず、一巻につき銭五〇〇文で買った。閻羅王宮の門外で会った三人は、じつはこの経巻だったのである（『日本霊異記』）。

天平七年（七三五）八月二十八日の夜、平城京の六条二坊に住む安拝常麻呂の家に盗賊が入った。常麻呂は左大舎人寮の少属（しょうさかん）（四等官の次席）で位階は大初位下という典型的な下級官人であった。盗まれた品物は麻の朝服をはじめとする衣類などと、斜（酒をあたためる銚子）・弓・幌などであったが、盗まれてから三か月余りのち左京職に届け出た。左京職はこれを東市司に伝えた。盗品が市に出ることが当然予想されるのである（『大日本古文書』）。

葛木尼寺の弥勒像

聖武天皇のときのことである。天皇の命令を受けて、都の内を巡察する者が、葛木尼寺の前の蓼原から人の泣きさけぶ声がするのを聞き咎めた。声は「痛い、痛い」という。巡回の者が、そこへ走り寄ると、一人の男がいる。怪しいと捕らえると盗人であった。尼寺の銅の弥勒菩薩像を盗み、これを破壊しようとしていたのであった。盗人は獄につながれ、仏像は無事に寺に戻った。古代の法律によると、仏像を盗みこれを毀した者は徒（懲役）三年に処された（『日本霊異記』）。

尽恵寺の仏像

聖武天皇のときの話である。和泉国日根郡に一人の盗人がいた。道のほとりに住まい、人を殺し物を盗むのを業としていた。また、あちこちの寺に侵入し、銅の仏像を盗み、これを溶かして帯にして売り、これを渡世とした。この盗人は、表むきは銅の工として世を渡っていたのである。

さて、日根郡に尽恵寺という寺があり、そこに銅の仏像が安置されていた。ところが、突然この仏像が姿を消した。かの盗人に盗まれたのではないかと思われた。

あるとき、馬で路を行く人が、寺の北の道を通ると、「痛い、痛い」という声が聞こえる。声をたよりに近づくと、ある家の中から鍛冶の音が聞こえる。壁の穴からのぞいてみると、銅の仏像を仰のけにして、手・足を切り、たがねで頸を切っているではないか。家に入り男を捕らえて尋問すると、尽恵寺の仏像であるという。仏像は無事に寺にかえされ盗人は都に送られて獄につながれた（『今昔物語集』）。

岡本寺の観音像

大和国平群郡鵤の岡本寺は尼寺で、銅の観音像が一二体あった。ところが、聖武天皇のとき、そのうちの六体が盗まれてしまった。寺では、けんめいに探し求めたが、見つからなかった。平群郡の駅の西に小さな池がある。夏の頃、牛飼の童らが池のほとりに群していると、池の面に小さな木が突き出ており、そこにトビがとまっている。童が石を投げてトビを威嚇したが、いっこうに飛び去ろうとしない。童はトビを捕えてやろうと池に下りていった。木と見えたのは金の指であった。ひきあげてみると、観音像である。岡本寺の尼僧が見ると、まさしく盗まれた像に違いなかった。ただ塗られていた金は、すべて「あばけ」（剝げ）落ちていた。おそらく、銭を私鋳しようとする者が、像をつぶして材料に使おうとしたものの、手段もなく、池に捨てたのであろうと、人びとはうわさし合った（『日本霊異記』）。

盗品についての法

いったい、市での交易＝商業に関する規定―市場法は、『養老令』の「関市令」中に一三か条が見られ、また「雑令」中に二か条ある。市については、開催日時、価格など万般にわたって規定されている。粗悪品を売ってはならないという規定はあるが、盗品（贓物）の扱いについては何の規制もない、もちろん盗みに関する規定は『律』の「賊盗律」中に存在する。仏像を盗むと徒（懲役）三年の刑に処され、馬牛を盗み殺せば徒二年半である。一般に盗犯については、それが強盗であるか窃盗であるかにより、また盗んだ財物の多少によって刑を異にした。盗品が盗人のもとに在った場合は、当然それはもとの持主に返却されるが、盗品がすでに売却されて第三者の手に渡ってしまった場合、その財物をどうするのか、律に規定はない。唐律では、第三取得者が悪意のときは返還すべきものとされていたという。

市場の平和

市場において平穏・公正に交易が行われるよう監督するのは、都の東西市については京職と市司の任務であり、地方の国衙の市については国司がその責を負う。『養老令』の「関市令」はもっぱら官営市場を対象とした法であって、市一般について適用されるものか、はっきりしない。度量衡については、大蔵省や国司の検定を必要とすると定めたが、市の平穏・公正を保証する規定は見当たらない。

聖武天皇の頃、美濃国の小川市に百人力と称された女が住んでいた。生まれつきからだが大きく、名を三野狐といい、むかし狐を母として生まれた人の四代めの孫に当たる者であった。かの女は己の力をたのみ、往還の商人を迫害し、商品を奪い取るのを生業としていた。人びとが困っているという話を聞いた中島郡の大領の妻が、こらしめてやろうと考える。大領の妻は元興寺の道場法師の孫に当たる大力の女であった。そこで蛤（はまぐり）を五〇石とり、舟にのせて小川市に行った。また別に熊葛（くまつづら）の鞭（むち）を二〇本用意した。そこへ三野狐がやってきて蛤を全部とりあげ、「どこから来たのか」と問うが大領の妻は返事をしない。同じことを四度尋ねると、ようやく「どこから来たのかわからない」と答える。三野狐は失礼な女だと、大領の妻を打とうと立ちあがる。妻は三野狐の両手をつかまえ、熊葛の鞭で打った。妻の力がつよく、鞭うつたびに鞭が三野狐の肉にくい込み、鞭に肉がついた。一〇本の鞭で打たれた三野狐はとうとう音（ね）をあげて「まいった、わるかった」と謝った。大領の妻は「今後、市から出ていけ、もし従わないなら殺すぞ」といい渡した。三野狐は退散し、市の人びとはみな平穏のかえってきたことをよろこびあったという。

小川市における、暴力による平和の攪乱は、大領の妻の暴力によって抑止された。この説話では、平和を恢復するのに、国司や郡司といった権力組織が登場してこない。大領（郡の長官）の妻ではあるが、かの女の強力が市場の平和をとり戻したという話になっている点は重要である。小川市については他に史料がなく不明であるが、この説話は、市の性格を考えるひとつの手がかりを与えてくれるのである（『日本霊異記』）。

四　盗賊と兵

馬盗人の嫌疑

長元七年（一〇三四）二月、播磨大掾播磨貞成は、自分の馬と黒鞍一具を奪われたと検非違使庁に訴えた。貞成は播磨国を出て、在京の新司（新たに任命された播磨守か）のもとに参上しようと都に入ってきた。西七条の末に来たところ、所の刀禰安部清安や豊延（不レ知レ姓）ら随身数多のものが道をふさぎ、貞成の従者近正の馬について、この馬は去年（長元六年）六月十三日に盗まれた中臣松犬丸のものだといって、やにわに奪い取った。

そもそも、この馬は播磨国飾東郡に居住する大石頼安の馬であって、頼安が数年飼っていたものである。ところが、長元五年十二月に、近正の飼っていた黒毛の母馬と交換し、これについては券文（証拠書類）もないわけでもなく、またこの事実は在地の郡司・刀禰らもよく承知していることである。それなのに、盗人だといわれ近正は使庁に拘禁されてしまった。

いったい、件の馬は、頼安が領知したあと近正があしかけ三年も領知しているものである。清安・豊延らは、馬が盗まれたのは去年六月のことだと主張している。これでは時日のつじつまが合わない。清安らの主張を裏付ける在地の人びとの証言もなく信じがたいのであるから、使庁において正当なお裁きをいただきたいと願い出たのである（「延喜式裏文書」）。

馬盗人が盗人を密告する

民部省の丞（じょう）（三等官）で五位の則助（のりすけ）といわれる人物がいた。夕方、外出から家に帰ってくると、車宿（くるまやどり）（牛車（ぎっしゃ）を置く、ガレージ）の片すみから一人の男が出て来て「ひそかに申しあげたいことがあります」という。「早くいえ」というと「大切なことですから」と、人を遠ざけるよう求めた。男は耳もとで、小さな声で告げた。

「私は泥棒です。あなたの栗毛の馬はすばらしい馬だ。ぜひ欲しいものだ。明日には受領（ずりょう）（国司）のお供（とも）をして東国の方へ行くのですが、どうしてもあの馬に乗って行きたいと思い、盗んでやろうとやってきました。門の隙（すき）から中に入って物かげからうかがっていると、内から奥さまらしい女の人が出てきて、待ち合わせていた男と何やら示し合わせ、長い鉾（ほこ）を持たせて屋根の上に登らせました。きっと悪事をたくらんでいるに違いないと見うけました。あなたのお姿を拝見すると、お気の毒に思えて、お知らせしようと考えたのです。」

主人は「しばらく隠れて居れ」といい、従者を呼んで何事かを告げる。俺（おれ）を捕らえようとするのかと危んだが、もう逃げることもできないのでじっとしていると、屈強(くっきょう)の者二、三人がやってきた。かれらは松明(たいまつ)を燃して屋根に登り、また板敷(いたじき)(縁側)の下を探った。しばらくすると、天井から水干装束の侍ほどの者ひとりを引き出し、また鉾(ほこ)を持ってきた。この男はある人の従者であったが、この家の夫人と親密な間柄となり、頼まれて、天井に穴をあけて、主人が寝入ったところを鉾で突き殺す算段だったというのである。もちろん男は検非違使の手に引き渡された。

さてその後、密告した盗人は、欲しがっていた栗毛の馬に鞍を置いたのに乗せられ、家から追い出された。かれの行方は誰も知らない。ことは、妻と情夫が示し合わせてたくらんだことであったのだが、どうしたわけか、妻は追い出されることもなく、その後も長くともに住んでいたという。何とも、よくわからぬ話であった(『今昔物語集』)。

馬盗人

前近代の社会では馬は貴重な財産であった。農民にとっては農耕や運送に、武士・貴族にとっては軍事・旅行に必須のものであった。九世紀の末頃、東国に僦馬(しゅうば)の党(とう)と呼ばれた集団があった。かれらは馬で荷物を運ぶ運輸業者であるが、東山道で馬を奪い取りこれを東海道で駄馬として用い、東海道の馬を掠奪して東山道で使役したという(『類聚三代格』)。

都の貴族の邸宅でも馬が盗まれる。寛仁二年(一〇一八)三月、右大臣藤原公季(きんすえ)(九五七―一〇二九)

の屋敷に盗賊が入り、厩につないであった馬を盗んでいった。これを聞いた藤原実資（九五七—一〇四六）は「上達部の厩の馬を盗るなぞ、かつて聞いたこともない。乱代というべきである」と日記（『小右記』）に書いた。また『小右記』にはつぎのような話も載っている。

寛仁元年の十二月、検非違使右衛門志紀信明の馬飼が馬をひいて信明を迎えに行く途中強盗に襲われる。賊は矢を放ち馬飼を殺し、走り去ったという。万寿四年（一〇二七）筑前国高田牧からの運上雑物が河尻（現、尼崎市）で奪われる事件があった。備後守橘義通の郎等・従類らが牧司藤原為時を襲い下人一人を射殺した。張本の犯人四人は逃走したが、そのうちの一人藤原高年（字小藤太）は近江国甲可郡に住み、ときどき都にやってきては盗みを働き、上等な馬を盗ったという。また、長元二年（一〇二九）二月には、縫殿寮の門のところにつないでおいた左近衛少将源定良の馬が盗人に奪われた。

源頼信・頼義父子と馬盗人

『今昔物語集』の中で馬盗人といえば、源頼信父子の話は名高い。河内前司源頼信は、東国に名馬ありと聞いて、無理にもこれを献上させることにした。都へのぼる途中、馬盗人がこれを見て、なんとか馬を盗んでやろうとしたが、警備がきびしくて手が出せず、とうとう都までついてきてしまった。

頼信の子の頼義は、父のところに東国の名馬がつながれていると聞いて、是非わが物としたいと父の家に往った。激しく雨の降る夕方であったが、いそいででかけた。父は子の気持を見すかして、「今夜は暗くて見えないが、明朝見て気に入ったら、お前にやろう」という。その夜は二人同室でやすんだ。ところが、夜半はげしい雨音の紛れに、馬盗人が入り、馬を引いて行こうとした。厩の方で大声あって「盗人だ」という。頼信ははね起きて、胡簶を背負い馬に乗り、関所のある逢坂山をめざして走った。子の頼義は物音を聞いて父と同じことを考え、逢坂山をめざした。子は、きっと父に追いつくだろうと思い、父もまた子が追いかけてくるだろうと思った。

馬盗人は、もう逃れられないと思い、関山のそばの水のあるところで、水につかるよう馬を歩かせ休ませた。頼信は、子の頼義がそばにいるかどうかも確かめたわけではないのだが、「あいつを射よ」という。言葉も終わらぬうちに弓の音がした。手ごたえがあり、乗手のない馬が走る音がした。父は「馬を追いかけて、つれ戻してこい」といい、ひき返してしまった。

帰る途中で、主人を追ってきた郎等どもに行きあい、家に着いたときには二、三〇人になっていた。家に帰ると、まだ夜明け前だったので、二人は何事もなかったかのように寝てしまった。夜が明けると頼信は頼義を呼び馬をひき出す。頼義は「それでは頂戴します」と馬をとった。馬には立派な鞍が置かれていた（『今昔物語集』）。

この説話は、高等学校の教科書にも載せられ、まことに著名である。「思春期に生きる者が意識せざるをえない親子のかかわりを一つの理想的なかたちの中に把えており、それを叙するきびきびした表現」が高校生を十分魅する力を持っているといわれる（三木紀人「馬盗人―今昔物語から」）。また、兵の親子、武士集団の団結ぶりと、馬の習性、馬を可愛がる人間の習慣をよく知りぬいている者によるドライな語り口が、この物語にすさまじいまでのリアリティを持たせているといえる（中村格『現代国語論考』）。緊張した文章は名文といってよい。ぜひ一読をおすすめする。

盗人を討った平貞盛

下京辺に、少し財産を貯えた法師がいた。家は豊かで楽しく暮らしていたのだが、不思議なお告げがあったので、陰陽師賀茂忠行に吉凶のほどを尋ねると、「某月某日は物忌をかたく守れ、盗人に命を危くすることあり」との占いであった。忠行は十世紀の著名な陰陽師で、子に賀茂保憲・慶滋保胤がおり、弟子にはかの安倍晴明がいた。

法師は門を閉じて家に籠っていたが、夕暮にはげしく戸を叩く者がある。かねて親しくしていた平貞盛であったので家に入れ、物忌のことを語った。貞盛は例の平将門を討った東国の武将である。当時、貞盛は陸奥守だったが、任国陸奥から上京したところだったのである。依頼をうけた貞盛は郎等・従者をかえし、ひとり法師の家に泊ることにした。

夜半すぎ、盗人が門をあけて入ってきたのを察知して、貞盛は弓矢を持って車宿の方に隠れたのち、暗闇を幸いに、盗人の群に紛れ込んだ。貞盛は財物のある方には行かず、物のない方に盗人たちを誘導した。貞盛は後方から矢を射かけ、「うしろから射てくるぞ、早く逃げよ」といいつつ、射伏せた盗人を奥に引き入れ、逃げる盗人をさらに射殺した。一〇人の盗人のうち二人は門内で射殺し、門のところで三人、走り去ろうとする者を四人倒し、四、五町ほど逃げ去った一人も腰を射て動けぬようにし、夜が明けてからこれを捕らえた。

貞盛が盗人の群れに紛れ込んだというのも、他の話にもよくあるパターンである。いかに暗闇とはいえ群に入り込めるのは、この盗賊集団が恒常的な組織ではなく、盗みに入るごとに臨時に編成されるものらしいことを推測させる。したがって、盗人らは互いに熟知の仲ということではない。それにしても、貞盛の行動は、戦いに長けた武士の手際のよさを示している（『今昔物語集』）。

幼児を人質にとる盗人

河内守源頼信（九六八―一〇四八）が上野守だったとき、たぶん長保年間（九九九―一〇〇三）の話である。頼信の乳母子であった兵衛尉藤原親孝の家で、盗人を捕らえて監視していたのであるが、どうしたことか、手かせ・足かせを脱して逃げようとし、親孝の五歳か六歳の子どもを質にとって壺屋（納戸）にたてこもった。盗人は幼児に太刀を押しあてるようにしているので、うかつに近寄ることができない。人びとは、ただ遠まきにしているよりほかなかった。

家内が騒がしいので頼信が問うと、云々という。頼信は、「子どもみたいに泣き騒ぐとは何たる不覚の沙汰か、子ども一人くらい殺されても動揺せぬ心あってこそ兵の一分がたつ（＝面目がたつ）というものだ、わが身をおもい、妻子をおもうようでは万事におくれをとるであろう」といいつつ、現場にやってくる。

頼信が出てきたのを見て、盗人は臥目（ふしめ）になり、太刀を幼児にさしあてて、近くへ寄ってきたら突き殺すぞという様子である。頼信は盗人に向かいいう。

「お前は、子どもを質に取ったのは、自分が助かりたいためか、あるいは子どもを殺すためか、どっちなのだ」

「もちろん命を助かりたいからだ」

「私が、こうやって声をかけるのだから、お前は太刀を投げ捨てぬということはあるまい、私はお前に子どもを突かせはしないぞ」

盗人は頼信の言葉にしたがい、太刀を遠くへ投げ、子どもをはなした。頼信は郎等に命じて盗人を捕らえさせ、前の庭に引き据（す）えた。親孝は、盗人を殺してやろうかとも思ったが、頼信はゆるしてやれと口添えし、「貧しいからこそ盗みもしたのであろう、欲しいものがあったら申せ」といったので、盗人はただ泣きに泣いた。

頼信は、盗人に馬・弓・胡籙（やなぐい）と十日分の干飯（ほしい）などを与えて放してやった。救け出された子どもであるが、かれは成人ののち金峯山（きんぷせん）で出家して、明秀阿闍梨（あざり）と称された立派な僧になったという（『今昔物語集』）。

盗人の大将軍

むかし、甲斐国の住人で烏帽子折の大太郎という者がいた。かれは盗賊の棟梁で「いみじき盗人の大将軍」と称された。有名な盗賊袴垂も「極キ盗人ノ大将軍」といわれたが、それは「心太ク、力強ク、足早、手聞キ、思量賢ク、世ニ並ビ无キ者ニナム有ケル、万人ノ物ヲハ隙ヲ伺テ奪ヒ取ルヲ以テ役ト」するものであった。この、豪胆で、強力で、走るのが速く、弓の上手で、思慮ぶかいというのが、すぐれた（？）盗人の条件であったが、じつはこの表現は、すぐれた兵（武士）のそれと同じである。大太郎も、まさにそのような盗賊の棟梁であった。

大太郎は都にのぼる。盗みに入らんと、あちこちうかがうが、垣根も荒れ果て、門も片方倒れた家で、男の姿は見えず、女だけの住まいで、八丈絹を売る者を屋敷によび入れ撰んでいるのを見る。ちょうど風が吹いて、簾を吹きあげ、皮籠を多く積みあげ、あいているふたの間に、絹らしきものがたくさん見える。

この様子を見た大太郎は、いそぎ走り帰って、八丈絹一疋を人から借りてきて、件の家に入りこれを売りたいといいつつ、家の中の様子をうかがう。大太郎は、絹を売らずに持ちかえり、もとの持主に返した。そして盗人仲間にふれをまわして人を集め盗みに入ろうとする。しかし、どうしたことか、門を入ろうとするが、どうにも入れない。熱湯を顔に浴びるような気がして、結局そのときは侵入をあきらめた。

翌朝、仲間の者を見せにやると、どうも変わったことはない。そこで再び夜になって入ろうとするが、やはり恐怖が走る。仲間に促されて決死の思いで入っていくと、簾の中から、矢を爪でひねる音が聞こえる。その音を聞くと、矢が自分の身につきささるような気がして恐怖にふるえた。帰ろうとすると、背をうしろから引き戻されるような気持ちがした。

翌日、付近に住む知り合いのところへ行って、「この北の家には誰が住んでいるのか」と尋ねると、「おまえは知らないのか、大矢佐武信（おおやのすけたけのぶ）どのが最近都にのぼってこられたのだ」という。これを聞いた大太郎は手にしていた盃（さかずき）を投げ捨てて、あとをも見ずに走り去った。のちに逮捕された大太郎は、「武者（むさ）の城（邸宅）は恐ろしい」と述懐したという（『宇治拾遺物語』）。

このドロボー野郎

『枕草子』の中の話である。頭中将藤原斉信（ただのぶ）が、でたらめな噂を信じて清少納言のことを悪くいっているというので、かの女は意地になって斉信を無視する態度をとっていた。斉信のほうもじつは気になっていたのだが、しばらくすると清少納言に手紙を書いてよこした。

かの女は、手紙をうけとっても直ちには披（ひら）いてみることもなく、引っ込んでしまった。使者がまたやってきて、すぐに返事をいただきたいと催促する。それではと手紙を見ると、「蘭省花時錦帳下」とある。これは『白氏文集』（巻十七）にある「蘭省花時錦帳下、盧山雨夜草庵中」の上の句である。かの女は、いかにも私は知っていますよと漢字で書いてやるのもいやだなと思ったが、あまりに催促するので「草の庵を誰か尋ねむ」と書いて与えた。

返事を見た斉信は、披いて、あっと声をあげた。そして、かれは「いみじき盗人を、なほ、えこそ思ひ捨つまじけれ」とまわりの人びとに語ったのである。

「いみじき盗人」とは「たいしたドロボー野郎」ということで、普通には相手をののしる言葉であるが、ここでの使われ方は違う。むしろ、逆にほめ言葉、あるいは感嘆の言葉として用いられ、「たいした奴だ」くらいの意である。このような使い方は現代でもあって、上品ではないが、「このドロボー野郎」などと用いるのである。「こいつ、うまくやりやがって」とか、「たいしたもんだ」くらいの意味あいで、ごく親しい仲間うちのやりとりの中で使われ、また、歯切れのよい口上を述べて物を売りつける啖呵売(たんかばい)の用いる台詞(せりふ)で、商品を買ってくれた客に向かって、「持ってけ、このドロボー野郎!」と浴びせかけるのである。かの葛飾柴又のフーテンのトラさんも、しばしばこの言葉を口にしている。

斉信は、「あの女(清少納言)たいしたタマだ、やっぱり忘れられないよ」(もちろん、こんな下品な言い方はしなかったであろうが)と語ったのである。

「極(いみじ)き盗人」という言い方は、平安時代には広く行われていたらしく、『今昔物語集』などには多く見られる。この言葉は善悪両様の使われ方をするが、「汝ハ極キ盗人カナ」といい、「お前は仕方のない奴だな」くらいの意で必ずしもよい意味で使われない場合もある。

しかし、一方、かの有名な盗賊袴垂(はかまだれ)について、「いみじき盗人の大将軍」といい、「心太ク、力強ク、足早(あしやはく)、手聞(てき)キ、思量(おもばかり)賢(かしこ)ク、世ニ並ビ无(な)キ者」と称されている、この表現は、すぐれた兵(つわもの)に対するほめ言葉と同じである。

六年の任期が終わって都へ帰る途中、自らを武勇名高い伊佐入道だとたばかって海賊の難をのがれた豊後国の講師を「極キ盗人ノ老法師也」と人びとがほめたたえたという用例では、「したたかな奴だ」とか「たいした奴だ」くらいの意であろう。

深夜、役所から家に帰るとき、賊に襲われることを恐れた史(さかん)阿蘇某は衣類をかくして裸で牛車に乗り、まんまと盗人をだましたが、かれは「盗人ニモ増(まさ)リタリケル心」の持主といわれ、「魂ハ極キ盗人ニテゾ有ケル」人物と称されている。「極キ盗人」とか「盗人ノ心」ある者というのは、意外にも賛嘆の言葉だったのである。

盗賊に謀(たばか)られた兵(つわもの)

紀伊国伊都(いと)郡の住人坂上晴澄(さかのうえのはるずみ)は平惟時(たいらのこれとき)の郎等で、修練を積んだ(兵(つわもの)の道(どう)に至れる)立派な武士であった。都に用があって紀伊から旅をしたが、かれを狙う武士もあることだから、郎等らに弓矢を持たせ、隙(すき)もないほど防備を固めていた。

ある夜ふけに、下京辺で、晴澄らは、先をいそぐ君達(きんだち)と見える一団と遭(あ)った。晴澄が馬からおりて控(ひか)えていると、「弓を置き平伏(へいふく)せよ、そこな者ども」という声があり、晴澄ら一行は、顔を土につけんばかりにして平伏していた。すると、首のあたりを抑えられたので、何事かと顔をあげ驚いた。君達と見えたのは馬に乗った五、六騎の屈強な男どもであった。甲冑を着た、いかにも恐ろしげな者どもが、矢を番えて「少しでも動いたら射殺すぞ」と脅す。

君達の行列と思ったのは強盗の一団であった。晴澄の一行は、ひとり残らず着ているものを剝がれ、弓・胡簶も、馬や鞍、大刀・刀そして履物まで身ぐるみ剝がれてしまった。まったく不覚であった。晴澄はこれを恥じて、以後は大将として振舞うことなく、大将にしたがうワキサシ（侍者）の如く行動したという（『今昔物語集』）。

五　峠の賊

国境の荘園で

摂津国八部郡の山田荘は、播磨国との国境にあり、しばしば播磨国に編入されたようなところであった。平安末期には東大寺領で、一時平清盛の手に帰したが、のち没官（没収）され源頼朝により京都六条左女牛若宮八幡宮に寄進された。

長元八年（一〇三五）の山田荘司らの解（『延喜式裏文書』）は、この荘が摂津・播磨の国境に位置し、ここを往来する「不善之輩」が動もすれば犯をなし、放火・殺害を行い、連々絶えることもないという。荘司らは、坂本連種らが不善の輩を仲間に引き入れ、人物を掠め取ることを訴え捕縛するよう求めたのである。

鈴鹿山の盗賊

近江国と伊勢国の境の鈴鹿峠は東海道の難所のひとつであった。旅人や物資を運ぶ商人たちにとって、山越えは難儀であった。それは、山坂というだけではなく、多くの場合「山賊」が蟠踞しているからである。

鈴鹿は国境の要地であったから、古代には都の防備のうえからも重視され、美濃国不破関、越前国愛発関とともに三関と称された関所が置かれていた。何事か起こると、国司が兵士を指揮して固守するよう定められていたが、すでに延暦八年（七八九）に三関の制は廃止されていた。

昌泰元年（八九八）十二月、伊勢神宮に遣わされた祭主の一行が、鈴鹿山の白川というところで強盗に襲われた。祭主側には当然護衛兵がついていたから両者合戦となった。結局、祭主の郎従の一人が矢に当たって死に、盗賊も二人が射殺されたのである。

保元の乱（一一五六年）のとき、平清盛の軍勢の中に伊賀国の住人山田小三郎是行という武士がいた。馬のくつわ取の下男一人だけを従えた身分の低い武士で、向こうみずな猪武者であった。白河殿の門を守る源為朝の強弓に恐れをなした寄手の中から、ただ一騎進み出て是行は名乗りをあげる。その中で、

「私は安芸守殿（＝平清盛）の御内（＝従者）で伊賀国の住人山田小三郎是行である。生年二十八歳、さしたる者ではないが、むかし鈴鹿山の立烏帽子なる山賊を捕らえて天子に奉った山田庄司行季の孫である。海賊・夜打・強盗を捕らえること数しれず、大きな合戦に三度従い、一度も不覚をとったことはない」

とかれはいう（『保元物語』）。それから約三〇年後、源平の屋島の合戦（一一八五年）では、陸上の源氏軍

と海上に浮かんだ平家軍の間で詞戦が行われる。平家方の越中次郎兵衛尉盛嗣が、平治の合戦で孤子となり鞍馬寺の児となり、のちに金商人につれられて奥州に落ちていったあの小冠者かと、大将義経の悪口をいうと、源氏方の伊勢三郎義盛が言い返す。そちらの大将こそ、北国礪波山の戦いにうち負けて命からがら都に逃げてかえったではないかと悪口をいう。すると盛嗣が、

「さいふわ人どもこそ、伊勢国鈴鹿山にて山だちし（＝山賊をして）妻子をも育み、わが身も所従も、過ぎけりとは聞きしか」

と義盛をからかう（『平家物語』）。

説話の中の鈴鹿山

都に水銀を商う者がいた。長いこと商売にはげみ財産をたくわえ、家は豊かであった。水銀は医療や銅器鍍金、また漆と合わせて朱漆に用いられ、伊勢が特産地であった。水銀商は、馬百疋に絹・布・糸・綿・米などの物資を背負わせて伊勢国へしばしば往来したのであるが、小童部に馬を追わせるのみであった。とし老いるまで、こうして暮らしてきたのだが、盗人に紙の一枚もとられることはなかった。

いったい伊勢国の人は、父母の物を子が奪い取り、親疎・貴賤をいわず、あいてのすきを狙い心をくらまし、弱い者から容赦なく奪い取り自らの貯えとするのである。[1] 水銀商人が頻繁に伊勢国と往来しているというのに、何で物を盗られずにきたのか、不思議なことであった。

その頃、鈴鹿山には八〇余人から成る盗人の集団がいて、通る者を殺して所持品を奪うことしきりであった。あるとき、水銀商はいつものように馬百疋に水銀などを負わせて都にのぼろうとした。盗賊たちが、山中で隊商をはさみうちにして脅(おど)すと、馬を追っていた小童部は逃げ去ったから、馬をとり、女どもの衣類を剝(は)ぎ取った。水銀商人は浅黄の打衣(うちぎぬ)に青黒の打狩袴を着て、練色の衣の綿の厚い着物を着て、菅笠をかぶり牝馬に乗っていたが、やっと逃れて高い岳の上に登った。盗賊たちはこれを見たものの、うちすてておいて大丈夫だと思い、みな谷に入り隠れた。

盗賊たちは、めいめい勝手に欲しい物を諍(あらそ)い取った。水銀商人は高い峯に立ち、空を見上げて「どこだ、どこだ、遅(おそ)いぞおそいぞ」と大声でさけぶ。すると半刻(はんとき)（約一時間）ほどして、三寸ばかりの大きな蜂(はち)がたくさん飛んできて、そばの木の枝にとまった。水銀商人が「おそいぞ、おそいぞ」というと、空に長さ二丈ほどの赤い雲が出現した。何ごとならんと人びとはこれを見上げた。雲と見えたのは蜂の大群であった。蜂は、盗品を分配して荷造りなどをしている盗人たちに襲いかかりこれを殺した。水銀商人は、谷に降りて行き、商品を取り戻し、そのうえ盗人たちが貯えていた弓・胡簶・馬・鞍・衣類なども取り都へ運んだ。水銀商人は家で酒を造り、これを蜂にのませていたので、蜂どもが恩返しに襲来したものであった（『今昔物語集』）。

（1）　十六世紀に成立したと思われる『人国記』は、伊勢国についてつぎのように述べている。

「同じ国の中にても、南伊勢の作法は、諸人の心入れ、土にて作りたる器を漆を以て能くぬり、その上を金銀を以て色どりたるに異ならず、誠に物ごとに詞の躰はしをらしく、山城の人同前なれども、心底は飽くまで欲深く、親は子をたばかり、子は親を謀ることを以て本とす、実少しもなし、心万事につきてきたなき意地にして、侍も心入れきたなく、下下を情けなく使ひ、愛する心は微塵もこれなし、また下下は主を当座の光陰送るために頼みぬるとのみ思ひて、主下の法の弁もなきは、偏に意地のきたなきより発りたる事なり。諸事（の）頼みこれなきなり。」

盗人の恩返し

観硯聖人が若い頃のこと、父由忠の家で暮らしていたが、あるとき屋敷に盗人が入った。「壺屋（＝納屋）に盗人が入った」というので、みなそこへ行ったが盗人の姿は見えない。みなは外へ出ていったが、観硯は皮子（＝革張りの箱）など置いてあるところに一人の男が倒れて居るのを見つける。慈悲心をおこした観硯は、この盗人の上に腰をおろして、こちらには誰もいないよと呼ばわる。そして、くらやみの中に盗人を逃がしてやった。

何年かたって、観硯は受領（国司）について東国に赴いたが、用事があって都に上る途中、関山の辺で盗人に襲われた。多くの盗人が矢を射かけてきたので、供の者たちは、みな逃亡してしまった。観硯は馬に乗ったまま、盗人らに谷の迫に追われていった。殺されるのだろうと観念したが、谷の奥に小さな家らしきものがあり、そこに入る。五十歳ほどの男がいて、郎等が三〇人ばかり控えている。男は観硯に綿の厚い衣を着せ、ご馳走を用意し、湯浴(ゆあ)みをさせた。翌朝、男は、二、三日ゆっくりしていってほしいのですが、都に早くお帰りになりたいでしょうから、無理にはおひきとめしませんといい、観硯を馬に乗せ、人を五、六人つけて都の屋敷まで送った。

家の者たちは、観硯が殺されたものとばかり思い、なげき悲しんでいたところへ、かれが帰ってきたので、驚き大よろこびした。男が観硯にくれた皮子を開(あ)けてみると、一つには文様を織り出した綾一〇疋、美濃八丈一〇疋、真綿一〇〇両が入っており、他の一つには、白い六丈の細布一〇段、紺の布一〇段が入っていた。皮子の底に手紙が入っていた。

「ひととせの壺屋のことを思い出して下さい。そのこと今に忘れ難く、そのお礼の方法もなくおりました。このたび、都にお上りになるとうかがい、かくお迎えしたわけです」

と。盗人の恩返しであった（『今昔物語集』）。

独り働きの袴垂

ある年の十月頃、ようやく寒くなってきて、袴垂(はかまだれ)は衣類を手に入れようと思い、あちこちうかがった。人もみな寝静まった夜半、おぼろ月の下、都大路を、よい着物を着た男の、指貫(さしぬき)の袴(はかま)のくくりをあげて、絹の狩衣(かりぎぬ)のあでやかなるを着て、独り笛を吹きつつ行く人があった。

袴垂はこの男の衣を奪ってやろうと思い、うかがうが、何とも恐ろしく覚えてとびかかることができない。男は気づかぬ気はいで、笛を吹きながらゆっくり歩いていく。袴垂は、わざと足音を高くして走り寄ろうとするが、男はあわてる様子もなく、何とも、きっかけがつかめない。そのまま一〇町ほどついて行き、こうしてはいられないと、袴垂が刀を抜いて走りかかると、ふりかえり「何者ぞ」という。鬼神もかくやと、死ぬほどの恐ろしさに袴垂はすくんでしまう。男に「何者ぞ」と重ねて問われると、「引剝（追剝のこと）です」「袴垂といいます」と素直に答えた。「そうか、その名は聞いたことがある、ついてこい」と、また笛を吹きつつ歩いて行く。

男は大きな家の門に入り、沓をはいたまま縁（簀子縁）にのぼる。「ああこの家の主人なのだ」と待つと、男はすぐ出てきて、袴垂に綿入れの衣をひとつ与えて「今後も、欲しいものがあったらやってこい、気心も知れぬ者を襲って、却って危いめにあうなよ」という。のちに袴垂は、その家の主が藤原保昌（九五八―一〇三六）であると知る。保昌は武家の出ではないが、「家を継ぎたる兵」にも劣らず、「心太ク、手聞キ、強力ニシテ、思量ノ有ル事モ微妙」な「兵ノ道」に至れる者といわれている。さすがの「極キ盗人ノ大将軍」袴垂も、保昌には位負けのていであった（『今昔物語集』）。

盗人の頭領となった袴垂

袴垂は、ひとたびは捕らえられて獄につながれたが、大赦により放免された。帰るべきところもなく、どうしたらよいか思案もなかったので、国境いの関山に行き、裸で道ばたに臥していた。街道を往き交う人は、「どうしたのか、疵もないのに」と、物見高くとり囲み見ていた。そこへ立派な馬に乗った兵が多くの郎等・眷族をひきつれて都の方からやってきた。人だかりを見て馬をとめ、従者に見させると、「疵もなき死人です」という。これを聞いた兵は、隊伍をととのえさせ、弓をとり直し、死人から眼をはなさず通りすぎた。見ていた人びとは、「郎等・眷族をひきいた兵が、死人を恐れて、臆病なこと」と手をたたいて嘲笑した。しかし、この兵は、じつは平貞道という有名な武者であったのだ。かれは源頼光の四天王の一人であった。

そのあとに、また武者がやってきた。郎等・眷族もない独り武者で、死人のそば近く馬を寄せ、「あわれな者よ、いったいどうしたのか」など、弓で死人をついたり引いたりした。すると死人が、がばと起きあがり、弓にとりついて武者を馬から引き落とし、武者の刀を抜いてさし殺した。そして水干の袴をひき剝いでこれを着て、弓・胡簶を負い、馬に乗って飛ぶように走り去った。

この手で、袴垂は何十人かを殺し、衣類などを剝ぎ、弓箭・兵仗などを奪い取り、これをかれと同じように獄舎から放たれた者たちに着せ、武装させ、郎等とし、総勢二、三〇人の兵力となったから、対抗するものもないほどであった。袴垂が「盗人の大将軍」として名を馳せたゆえんである。

奈良坂の山賊

十一世紀の学者藤原明衡（九八九―一〇六六）が著したとされる『雲州消息』（明衡往来』ともいう）の中に、つぎのような一通がある。

可レ被レ給二精兵一人一

右、明日可下参二長谷寺一侍上、奈良坂之間、有二梁上公之恐一、雖レ非二猿臂一只少有二武備一也　謹言

九月　日　参議　藤原

前将軍幕下

精兵とは弓の上手な兵のことである。都から長谷寺に参るので奈良を通って行く。奈良の北の入口が奈良坂である。梁上公とは梁上君子ともいい盗人のことである。盗賊の出現に備えて警固の兵を一人かして下さいというのである。模範文集である『雲州消息』に採りあげられるくらい、奈良坂の盗賊は有名だったのである。

いつの頃か、愛宕山の持経者好延なる聖がいた。年来、山で師について法華経を持し、毎日三〇部ずつ読誦する生活を送り四〇余年を経た。あるとき大和金峯山に詣り、その帰途、奈良坂で盗賊にあった。盗人らは近づくと、たちまち持経者を引き倒し組み伏せた。持経者は思わず「法華経われを助け給え」と三度さけんだ。するとどうしたことか、盗人らは手を放しみな逃げ去った。持経者は、これぞ日来法華経を読誦せるおかげであり、また金峯山の蔵王の守り給うところと思い、いよいよ法華経の読誦を怠らなかっ

たという（『今昔物語集』）。

これもいつか定かではないが、薬師寺最勝会に勅使として奈良に赴いた弁官の源某が、七日たって会式も終わり、衣装などを納めた櫃をかつがせて都へ帰ろうとしたが、奈良坂で盗賊に奪われてしまう。弁の供の者はこれを取り戻そうとするが、弁は押しとどめ、侍の久という者（＝一字名であれば源久か）に命じていう。「賊の弓の射程の内に入らず、遠くからこう伝えよ。『盗人といえども、盗っていいものと悪いものとの区別ぐらいはできるであろう、天皇の使として薬師寺の大会を行っての帰り、使の衣櫃を盗るなど、よい報いはないぞ、そのことをよく心得よ』と」。

久が走って行って、高いところに登り大音声で右の次第を伝えると、盗賊らは「事情も知らぬにわか盗人のやったこと、すぐ衣櫃は返しましょう」といいたち去った。しかしもっぱら盗みを業とする騎馬の盗人は承知せず、なおも盗品を持って逃げようとし、馬に乗ったまま崖から落ち、腰の骨を折り動けなくなった。久は従者に命じて盗人の弓・胡籙を奪い取らせ、盗人を馬に乗せ、衣櫃を人夫にかつがせ、弁のところに帰ってきた。

弁は、盗人を検非違使庁に渡しても無益なことだといい、街道の傍に置きさらし者にするのがよいと、うち捨てた。盗人は終日奈良坂口に伏していたが、夜になり、いずこともなく逃げ失せた（同上）。

奈良薬師寺の舞人

右兵衛尉玉手公近（たまてのきんちか）は、日来弥陀（ひごろみだ）の念仏を唱え、魚鳥を食わぬ、信仰あつい人であった。用事があって薬師寺から京へ上ることになり、男の子を連れて奈良坂にさしかかると、にわかに盗賊が出てきて、公近親子を西の谷に追い入れ、馬から引き落として衣類を剥（は）ぎ取り、二人を松の木にしばりつけて矢を射ようとした。

そのとき運よく、多くの兵（つわもの）が奈良坂にさしかかり、西の谷で盗人が人を射殺（いころ）すと聞き、矢を番（つが）えて十余騎が峯に登ると、いま盗賊が矢を放とうとするところであった。兵どもが東西から襲いかかると、盗賊は一目散に北の谷へと逃走した。公近らは辛（から）くも命たすかったのである（『今昔物語集』）。

藪の中――大江峠の悲劇――

男は丹波国の出身で、妻を伴い故郷に赴くことになった。男は箙（えびら）の矢を一〇本ほど負い、弓を持って、妻のうしろにつき道を大江峠へとった。そこで、かれらは大刀を帯びた屈強の男と道づれになった。

つれの男は、自分の大刀が陸奥国（むつのくに）でつくられた名ある大刀だと自慢し男に見せた。男が欲しそうな顔をしたので、つれの男は、お前の持っている弓ととり換えてもよいという。大刀を手に入れた男は、うまいことをやったとよろこんだ。しばらく行くと、つれの男が、「大の男が、弓を持っているのに矢を持たぬというのも恰好がつかない、矢を二本だけ貸せ」というので、そのとおりにした。

さて昼の食事の用意をしようと、三人は藪の中に入った。男が女を馬からおろすと、かのつれの男は、やにわに弓に矢を番え、男に向かって、「動いたら射るぞ」とおどした。

かくして、男は木にしばりつけられ、女はつれの男に犯されるという事態に陥ってしまった（『今昔物語集』）。――この話、芥川龍之介の小説となり、また映画にもなったことは周知のところである。

六　不安な都

群盗横行

盗賊の多かったことは、時代を限らない。古代社会も例外ではなく、国家はその取締りに大いに苦労し、法令は雨下した。同じような文言（もんごん）の法が重ねがさね出るというのは、それだけ事態が改善されないことを意味するだろう。

奈良時代、天平二年（七三〇）九月に天皇の詔（みことのり）が出されたが、そこには、都と諸国ともに盗賊が多く、あるいは人家を襲って掠奪（りゃくだつ）を行い、あるいは海上で船を襲撃して物を奪う、人びとにとって害毒となること、これより甚しいものはない、所管の役所に命じて厳重にこれを取締らせ捕らえるべきであるという。このとき詔は、他に、安芸（あき）・周防（すおう）の国では、みだりに禍福を説いて多くの人を集め、都の近くでは、妖言（ようげん）を以て衆人を惑（まど）わす者がいるといい、また禁止されているにもかかわらず、ほしいままに鳥や獣を捕らえる者が多いと述べている。惣じて、社会不安の募（つの）ってきている状況が看てとれる（『続日本紀』）。

諸国の盗賊・海賊の捜索や逮捕は国司の仕事であるが、ときにより中央の衛府（えふ）の軍隊や検非違使の軍隊を地方に派遣して奸盗を捕らえさせた。承和六年（八三九）には、弾正台と検非違使が協力して賊を捕らえよと命ぜられ、伊賀国名張郡では、山中で銭を私鋳していた群盗が、都から遣わされた近衛の兵と浮囚によって捕らえられている。浮囚というのは、中央の律令政府に帰順した蝦夷らを指すが、これが軍事・警察組織に組み込まれていたのである（『続日本後紀』）。

対策が必ずしも効果を挙げえなかった理由のひとつ、というより大きな理由は、当の国司たちの怠慢にあった。貞観九年（八六七）三月の太政官符（『類聚三代格』）は、海賊の捜索・捕縛については度々官符を下してきたが、凶徒の取締りはできずにいる、これは国司が官符の趣旨を理解せず粛清につとめないからである、また在地の五保でも保長を置いて検察につとめ、市や港のような人の多く集まる猥雑なところでは、方略をめぐらし、偵邏（密偵）を設けて情報をあつめ、盗賊を捕らえた者に褒美を与える、と。

不安な平安京

社会不安、政情不安に乗じて盗賊が跋扈する。警察力の空白状態に乗じて横行するのである。延暦三年（七八四）十月、都が平城（奈良）から長岡に移るというので世情は騒然たる有様であった。奈良の街は盗賊たちの恰好の働き場所となり、かれらは街路で人を襲い、人家に放火する。官庁の機能は低下していて取締ることができない。鄰保（となり組）が自分たちの力で自衛するように、などと「養老令」をひきあいに出して促し、「遊食博戯之徒」は捕らえて杖一百（杖で一〇〇回たたく）に処し、放火犯については容赦なく死刑とすると定めた（『続日本紀』）。

都が京都に移っても事情は変わらない。「平安」京とは名ばかりであり、中央の官衙や貴族の邸宅、皇居とても襲撃をまぬがれなかった。大同三年（八〇八）十一月の夜、内裏西北の内蔵寮に盗人が入った。発見され、人びとが包囲して捕らえようとしたが、ちょうど大嘗会のときで、もし盗人に自殺でもされたら穢に当たるというので、告諭して、夜陰にまぎれて退去させた（『日本後紀』）。超法規的措置であった。承和四年（八三七）十二月の夜、盗人が大蔵省の東長殿の壁を破って侵入し絁や布などを盗んだ。翌日、六衛府に命じて探索させたが、その結末は知られていない。長殿は内裏の北方にあり、人民から徴収した調・庸を収蔵した倉庫である（『続日本後紀』）。

天安元年（八五七）十月、女が蔵殿に侵入し天皇の衣服を盗み出したが、とり押さえられ検非違使庁に渡された（『文徳天皇実録』）。御服を盗むと中流に処される大罪である。貞観二年（八六〇）八月、盗人が神祇官西院・斎戸・神殿に侵入した（『三代実録』）。内裏とても安全ではなく、承和四年（八三七）十二月、春興殿（紫宸殿の東南にある）に侵入した盗人は絹五〇余疋を奪ったが、宿衛の兵士は全く気がつかなかったという。また同じ月には、女の盗人二人が、こともあろうに清涼殿に侵入した。気づいた天皇（＝仁明天皇）は蔵人に命じて捕らえさせたが、一人は逃走したという（『続日本後紀』）。

承和七年（八四〇）二月、政府は六衛府に命じて夜行（夜まわり）をさせているが、とくに夜は闇に紛れて盗人が跳梁し、また放火が多いためであった（同上）。一〇年後の嘉祥三年（八五〇）正月にも、「あるいは暗中に火を放ち、あるいは白昼人を掠む」といわれている（同）。平安京を左右に分けて中央を貫通する大路が朱雀大路で幅員は八〇メートル以上ある。左右両京それぞれ三六坊に区分されていた。条坊間の道路幅も二四メートルを超える。朱雀大路に面した両側には垣がある、というより、むしろ、朱雀大路が垣で囲まれているような景観を呈している。そこで、ここは一種〝広場〟の様相を持ち、昼間は馬や牛が放たれ、夜は盗賊の巣となるといわれている。坊の門には門衛もいないので頗る不安である。そこで貞観四年（八六二）三月、京内七二坊の坊門に兵士を配置することにした（『類聚三代格』）。

羅城門の怪

その盗人は摂津国からやってきたのだという。都の南端、羅城門のほとりにたどりついた盗人は、門の傍らに立った。朱雀大路はさすがに人通りも多かった。人の静まるまでと思い、立っていたのだが、南の方から何やらたくさんの人が、こちらにやってくる気はいである。かれは身を隠そうと羅城門の楼上に登った。

見ると、かすかな灯火が動いた。あやしげなと、盗人が連子窓から中をのぞくと、若い女の死骸があり、その枕もとに白髪の女がひとり、灯火をかざして、死人の髪を抜き取っているではないか。盗人は、もしや鬼かと怖れたが、刀を抜いて「こいつめ」と声をあげて走り寄る。老婆は驚き、こけて、手をすり、「自分のご主人様がお亡くなりになったのだ、看取る人とてなく、ここに安置したのである。ただ、髪があまりにも長いので、これで鬘を作ればと思い、抜いていたのだ」という。

盗人は本性に戻り、死体から衣裳を剝ぎとり、老婆の着ていたものも奪い、また髪もとりあげて、いずことなく走り去った。

盗人が奪った衣類や髪は、いずれ市場で商品として売られたのである。それにしても、羅城門の楼上には、葬ることのできない死骸が放置され、死人の骸骨が散乱している有様だと、その盗人は人に語ったという（『今昔物語集』）。この話は芥川龍之介の小説「羅生門」によって広く世に知られた。

盗賊夏焼大夫

永久元年（一一一三）三月、盗賊夏焼大夫神仁が、仲間とともに蘭林坊の倉庫を破り、御物を奪った。蘭林坊は内裏の北西、朔平門と式乾門の間にあった建物で、御物や御書を収蔵し、ここには御書所や画（絵）所もあった。

盗賊の所在を確かめた左衛門志中原（坂上）明兼（一〇七九―一一四七）がこれを逮捕しようとしたが、事前に情報が洩れたのか、夏焼大夫らは逃げ去ったあとであった。明兼の郎等が追いかけ、桂河で合戦になったが、犯人たちは松尾山に隠れ、郎等は負傷して空しく帰ってきた。

しかし、その後犯人たちは都に出て、町の中に寄宿しているとの情報が入ったので、検非違使・左衛門尉であった平忠盛（一〇九七―一一五三）が郎等をひきいて追捕に向かった。忠盛の郎等二人が負傷して死ぬという激戦のすえ、犯人は捕らえられた。三月十四日は、平忠盛は賞として従五位下に叙され、直接犯人を逮捕した郎等の院武者所宗友も左兵衛尉に任ぜられた（『長秋記』、『殿暦』）。

紫式部の経験

寛弘五年（一〇〇八）十二月晦日、紫式部は一条天皇の中宮彰子に侍して一条院にいた。十二月晦日は、いうまでもなく追儺―鬼やらい（いまの節分、豆まき）の行事の行われる日である。追儺の行事が予定より早く終わったので、式部は部屋に戻って、お歯黒つけや何となく身装いなどをして、訪ねてきた弁の内侍と話を交わし、やがて寝てしまった。

女蔵人の某という者が、長押の下の廂の間にいて、女童のあてき[1]が縫い物をしているのを、表裏を重ねて袖口や褄などを折りひねるのを教えたりして、つくねんとしていた。そこに、御前のほうで突然さわがしい人の声がした。内侍を起こしたが、すぐには起きてこないし、人の泣きさわぐ声に、どうしたものか分別もつかず、火事かと思ったが、そうではない。

式部は女蔵人を起こし、「宮様はお部屋（東北の対）にいらっしゃる、まず安否をたずねましょう」と、内侍をも無理やりに起こし、三人して寒さにふるえてやって来ると、なんと、靫負と小兵部という二人の女房が、はだかでふるえているではないか。ああ、こういうことかと悟った。

食膳の仕度をする御厨子所の役人も、宮の侍も瀧口の武士も、追儺の儀式のあとだったから、疲れて寝込んでしまい、なかなか起きてこない。手をたたき大声をあげても応える人もない。御膳宿（御膳を収めておく所）の責任者である刀自を呼ぶと、「殿上にいる兵部丞（＝藤原惟規）を呼べ」といわれたが、兵部丞も退出してしまって見当たらなかった。そこへ式部丞の資業（＝藤原氏）が来て、ところどころの灯台の油をさし、明るくして歩いていった。ようやく灯った光の中で、ただ茫然としゃがみ込んでいる人びとの姿があった。

事件のあと、天皇からお見舞いの使者も遣わされ、納殿の衣類をとり出して、関係者に給わることもあった。不幸中の幸いというべきか、正月用の衣類などは盗られなかったので、ほっとした。——このような凶事については軽々しく口にすべきことではないと承知しているが、その恐ろしきに、語らずにはいられないと、紫式部は書き記したのである（『紫式部日記』）。

（1）文中に出てくる女童「あてき」——この奇妙な名は、おそらくアダ名であろう。「アテキ」とは何だろうか。柳田國男の「「アテヌキ」という地名」（『柳田國男全集20』ちくま文庫）という文章に、アテヌキとは楝の木のこととし、アテは楝の和名で、アテノ木と呼んでいたものであろうと記されている。女童のあだ名「あて」が楝の木に関係があるか否か明らかではないが、推量のひとつとすることはできようか。「あてき」のアテが「貴」であることも考えられるが、一方また、「あてき」とは樹木の陽の当たらぬ面をいい、役に立たない木という意味も持っている。女童「あてき」が「役立たずさん」というあだ名であるとすれば面白いが、果たしてどうか。

強盗に殺された博士

ちょうど藤原道長（九六六―一〇二七）の時代、明経博士で大学の助教だった清原善澄という人物がいた。この人、書物によっては明法博士とも書かれているが、調べてみると明経博士のほうが正しい。明法博士とは大学の法律学の教官、明経博士とは中国の経学すなわち儒学の教官である。学才すぐれた者であったから、七十歳頃まで現役であったという。しかし、家は貧しく不如意なことが多かった。道長がその日記（『御堂関白記』）に「狂人の如し」と書き、本当に狂っているのではないかと述べたように、かなり変わった人物であったらしい。

寛弘七年（一〇一〇）の七月、その善澄の家に強盗が入った。気づいた善澄は簀子板敷の下に這入りかくれたので、危いところを助かった。盗人らは、家の中の物を手当たりしだいに取り、そこらじゅうを、がたん、どたんと打ち破り、わめきながら門の外へ出ていった。善澄は簀子の下から這い出て門のところへ走り、よせばいいのに、逃げる盗人たちに向かって大声で叫んだ。

「お前ら、俺はしっかりとお前たちの顔を見たぞ、夜が明けたら検非違使の別当殿に申しあげて、片端から捕らえさせてやるぞ」

といったから、盗人たちは走りかえり、善澄をつかまえて、太刀で散々に頭を打ち破り、殺してしまった。この史実は『日本紀略』の語るところであるが、善澄は明経の学識において「天下の一物」と称されたにもかかわらず、思慮に欠ける人物であった。『今昔物語集』は「心幼キ事ヲ云テ死ヌル也トゾ」と書いている。

としの暮の惨劇

藤原為元は連真の子で、従五位下を極位とした。花山院の判官代として活躍し、のち下野守に任じ、長保三年（一〇〇一）閏十二月七日付で、雑事五か条を申請し（権記）、寛弘元年（一〇〇四）四か条を申請し、陣定で議された（『小右記』）。同七年十二月の下野国租帳・出挙帳・税帳（寛弘元年〜四年の分）についての太政官符所引安倍朝臣信行奉状に「前司」と見える（『類聚符宣抄』）。比較的、経歴の判明する人物である。

為元の家は左京「三条ヨリハ南、西の洞院ヨリハ西」にあった。左京四条二坊十六町の地で、のち十二世紀後半には、検非違使別当藤原顕長の邸宅があり、また大納言藤原実定の邸宅があって、そこに権大納言藤原実国も同居していたが、安元三年（一一七七）の大火（太郎焼亡）で全焼した（『平安京提要』）。

さて、十二月、歳もおしつまった頃、為元の邸宅に強盗が入った。隣家の人びとも気づき騒いだので、盗人どもはたいした物も取ることができず、「しまった、とりかこまれたか」と恐れ、美しい女房を人質にとり、抱きかかえ馬に乗って走り去った。三条を西に走り、大宮の辻に出たところで、追手が来たと思ったので、女房の衣裳を引き剝ぎ裸にして棄て去った。

女房は裸でふるえ、生きた心地もなかったが、運悪く大宮河に転落してしまった。水も凍る寒さの中で、やっと這いあがって、近くの家の戸をたたいたけれど、家人は警戒して入れてくれない。女房はそこで凍え死んでしまい、死骸は犬に喰われ、朝になって見れば、長い髪と真っ赤な頭、紅の袴のみが路上に散っていた。

その後、盗人を捕らえた者には賞をたまわるべしとの宣旨が下され、これがひとしきり評判になった。この事件については「荒三位」とあだなされた藤原道雅（九九一―一〇五四）が犯人ではないかと、もっぱらのうわさであった。それというのも、かれは死んだ女房に仮想して拒否されたことがあったからである。道雅は内大臣伊周の一男、名門の出ではあるが、スキャンダルの多い人物で、前斎宮当子内親王（一〇〇一―二三）との密通事件を起こしたことなどもあって、疑われたのももっともなことであった。

さて、犯人探索を命ぜられた検非違使左衛門尉平時道は、一年以上もたってから、情報をえて大和国に赴く途中、南山城の柞杜（ははそのもり、相楽郡祝園にある）の辺で、ひとりの男に行きあった。挙動不審のその男を捕らえて迅問すると、男はいったんは否定したが、「去々年の暮に、人に誘われて盗みに入った」と認めた。時道は、この男をつれて都に戻り、事件は落着した。

世の人びとは、時道はこの手柄で大夫の尉になるだろうとうわさしたが、恩賞の沙汰はなかった。しかし、ずっとのちになって、時道は左衛門の大夫に任ぜられた。これはどういうことなのかと、人びとは語り合ったことである。平時道が検非違使に任ぜられたのは万寿二年（一〇二五）二月で、三月には花山院皇女殺害の犯人を捕らえ、五月三日には右衛門大尉で、強盗追捕のため大和国に遣わされた（『小右記』）。

『今昔』の説話はこれらの史実をふまえて作られているのであろう。

隣人に注意

左京の猪熊(いのくま)・綾小路(あやのこうじ)（五条二坊）に住む藤大夫某(なにがし)という者がいた。五位で藤原の某(なにがし)というのかもしれないが、名は詳(つまびら)かにしない。かれは受領(ずりょう)の郎等(ろうとう)となって地方に赴き、たくさんの土産(みやげ)を持って帰ってきたところであった。家中にあふれた品物を整理しているところを隣家の男が見て、盗んでやろうと仲間を集める。

盗人たちが押し入ると、家の者たちは、みな物かげにかくれたり、簀子敷(すのこじき)の下に這(は)い入ったりして、賊と戦おうとする者は一人もない。盗賊たちは、ゆうゆうと品物を捜(さぐ)り取り、何ひとつ残さず奪い去っていった。

家人のうち、板敷の下にかくれていた小男がいた。かれは、物をかついで簀子(すのこ)の上を走り去っていく賊の足に抱きつき引っぱって倒し、盗賊の刀を抜いてこれを殺した。小男は賊の死骸を簀子の奥ふかくかくした。盗人が逃げると、家の者たちが、あちこちから現われて、互いに大声で恐怖を語った。ある者は衣類を剝(は)がれてふるえていた。家の中は賊どもに踏み破られ、眼もあてられぬ有様であった。

盗人たちが猪熊(いのくま)小路を南へ逃げていくとき、物音を聞いた近所の人びとが起きてきて、賊に矢を射かけたのだが、じつは小男が賊の一人を殺していた事実に気づいた者は誰ひとりとしていなかったのである。

やがて夜が明けると、近くの人びとがやってきて「大変でしたね」などと見舞いの言葉をかける。主人に親しい藤判官某（とうのほうがんなにがし）という検非違使も使者を遣（や）って見舞わせた。件の小男は藤判官殿の家に行き「しかじか」と告げた。判官は驚いて放免を呼び藤大夫の家に残された賊の遺骸を調べさせると、何と隣家の某殿に仕える使用人（雑色（ぞうしき））であった。

放免の報告を聞いた判官は直ちに隣家の妻を搦（から）め捕（と）り事情を訊（たず）ねた。妻はかくさず「夜前から何某、何某たちがやってきて、ひそひそ話をしていきました、かれらの家はどこどこです」という。その女を前にたて、指示する家に赴くと、賊たちは疲れから寝入っており、一網打尽（いちもうだじん）に逮捕することができた。証拠明白であったから全員獄舎に入れられ、盗品も無事に戻ったのである。手柄（てがら）をたてた小男は、のち家の警固兵の長に採用されたという（『今昔物語集』）。

調伏丸のようだ

『今昔物語集』には、ただ「今ハ昔」と記すだけで、それがいつ頃のことか定かでない事例が多い。しかし、二人の盗人の名は明らかである。一人は多衰丸（たすいまろ）といい、たぶん『二中歴（にちゅうれき）』（鎌倉中期成立の辞書）という書に見える「襷丸（たすきまろ）」と同一人物であろうとされている。そうだとすると、下級官人を多く送り出し、とくに音楽・舞踊関係の人材を送った狛（こま）氏の出である。いま一人は調伏丸（ちょうぶくまろ）といい、同じく『二中歴』に「調服丸」と見える者であろうといわれ、『宇津保物語』に「てうふくまろ」と書かれた者がそれに当たるであろう。

多衰丸は人に知られた土蔵破りの常習犯であって、度々捕らえられて獄舎につながれた。一方の調伏丸は、多衰丸と組んで盗みを働いたが、捕らえられることもなく、しかも、相棒の多衰丸さえ、かれの名を知らないということであった。世を騒がせた盗人どもであったが、調服丸については、結局どこの誰ともわからずじまいで終わってしまった。有名な人物なのに、素姓もわからず、忽然と消え失せてしまったので、そんな様子を「調伏丸のようだ」と人びとはいったのである（『今昔物語集』）。

七　役人、また貴族の犯罪

漆を盗んだ役人の処分

大蔵省の下級官庁に漆部司というのがある。漆塗りのことを掌る役所である。奈良時代、養老四年（七二〇）、この漆部司の令史（第四等官）従八位上丈部路忌寸石勝と雑役に従う最下級の役人である直丁秦犬麻呂の二人が、役所の漆を盗んだ咎で捕らえられ、裁判の結果、流罪と決した。この罪刑適用について、現在研究者の間で種々論議があるのだが、いまはそれは措くことにする。

さて、この判決のあと、石勝の子ども三人が連名で天皇に上表文をたてまつった。律令制度のもとでは、庶人でも直接天皇に申し出ることができたのである。長男祖父麻呂十二歳、二男安頭麻呂九歳、三男乙麻呂七歳の三人である。その内容は、

「父の石勝は、私ども子どもを養わんために漆部司の漆を盗んでしまった。その罪により遠流に処された。祖父麻呂はじめ三人は、父の情を慰めんと、あえて申しあげます。お願いいたしますが、私ども三人を官奴（官庁所有の奴隷）とすることによって、父の重い罪を贖わんことをお願いしたいのです。」

というものであった。これに対して天皇は詔を発してつぎのようにいう。

「人の道として最も大切なものは親に対する『孝』である。いま祖父麻呂らが、自らを奴（奴隷）とすることによる父の罪をゆるしてほしいという願いは、まことにあわれである。願いどおり三人を官奴とし、かわりに父石勝の罪をゆるすこととする。」

奴隷とされた三人の子どもたちは、ひと月もたたない七月二十一日、もとのように〝良民〟に戻された（『続日本紀』）。

山田史御方の犯罪

奈良時代、養老の頃、山田史御方という役人がいた。御方は、もとは僧で新羅に留学し（『日本書紀』）、慶雲四年（七〇七）四月正六位下で、学士として賞され、布・鍬・塩・穀を賜わった。和銅三年（七一〇）四月従五位下で周防守に任ぜられ、養老四年（七二〇）正月従五位上に叙された。同五年正月には、退朝後に東宮（＝皇太子）に侍せしめられ、学業優遊の故を以て賞賜され、絁一五疋・糸一五絇・布三〇端・鍬二〇口を受けた（『続日本紀』）。

ところが、この御方が監臨犯盗の罪に問われた。監臨犯盗とは、役人が職務上監督・保管すべき物を盗むことである。しかし、役人である故に、罪が軽減され、しかも養老五年五月または十二月の大赦で罪を赦された。だが、法によると、盗品相当額は弁償しなければならない。しかし御方は貧しく家に一尺の布もなく、弁償の能力はない。天皇はとくに詔して、「御方はかつて新羅にまで赴いて勉学し、帰ってのちは学生らを指導し功績があった。このような人物に恩恵を施さなければ、学問の道をおとしめることになる、御方については贓物の弁済を免除せよ」とした（同上）。

女孺の犯罪

弘仁八年（八一七）五月、長野女王と出雲家刀自女の二人が伊豆国へ流された。かの女らは内教坊の女孺（雑用係の女性）で同じ部屋に住んでいた。そこへ、長野女王の知り合いの船延福の娘某がやって来て寄宿することになった。ところが、長野女王は、寄宿人の衣裳に眼がくらみ、これを奪い取ろうと、家刀自女と共謀して、寝ている女の首を絞めた。しかも、惨虐なことに、二人は女の顔の皮を剝いで宮外に棄てたのであり、事露われ、二人は流罪となったのである（『類聚国史』）。

特権で守られている役人

右京の人、位階は従七位下で官職に就いていなかった（散位という）大石忌寸福麻呂なる人物がいた。かれは、官印を偽造して、これを偽の官符に捺し、役所の倉庫に入っていた地子穀一五〇石を売り払った。左兵衛の阿刀沢雄から一二貫文、左衛門の門部園部禅師麿から六貫文の代価を取った。福麻呂の罪を断じた刑部省は次のように述べる。

官印をつくり偽官符に捺した罪は近流に当たる。他人（阿刀沢雄と園部禅師麿）を欺いて直銭（代価）を取ったのは遠流に相当する。しかし、遠流・近流の差あるものの、一等を減じて徒三年とし、さらに減じて二年半とする。ついで、福麻呂の帯びている従七位下の位階を以て徒一年に当て、正八位上の位階を以て徒一年に当て、計二年を減ずると、徒半年が残る。これについては贖銅一〇斤を取ることによって相殺する。しかも、一年後には、位階二等を降して正八位下に叙することにする――というのである。結局、福麻呂は実刑をまぬかれたのである（『三代実録』）。

右のように、位階や官職を帯びる者が罪を犯したとき、その刑罰は一般の者より軽減されることになっていた。議減・請減・例議・贖罪・官当・免所居官・免官・除名と多岐にわたるが、いずれにせよ、官職・位階の高い者ほど刑罰をまぬかれるような仕組みになっていた。

右のような、刑罰の適用に関する考え方は現代にも残っている。公務員が犯罪に問われたとき、「被告はすでに職を辞し、不正に取得した金額も返還している」などといい、裁判所は執行猶予をつけたりするのである。

糸を盗んだ検非違使

ある夏のことであった。下京の辺で検非違使たちが盗人を捕らえ、さてひきあげようとすると、検非違使某が「なお調べてみたいことがある」といって馬からおりて、家の中に入っていった。しばらくして、かれは出てきたが、どうも様子がおかしい。袴の裾がふくらんでいるように見える。じつは他の検非違使は、さきほど件の検非違使が、武具持ちの供の者とひそひそ話をしていたのを、いぶかしく思っていたのであった。

盗人をひいて河原に行った検非違使たちは一計を案じて「この暑さの中だ、水浴をしよう」と馬からおりて装束を解き始める。例の検非違使はこれを見て、「馬飼の童部のように、検非違使が河原で水浴びするなど、とんでもないことを」と非難するが、かまわず脱ぎすて、例の検非違使にも脱がせてしまう。そして看督長を呼んで「みなの装束をひと揃いずつ、きれいな所に置け」と命ずる。おめあての例の検非違使の装束を抱えて、しば草の上に置くと、袴のくくりのところから白い糸（生糸）が二、三〇ほど、頭の部分を紙で包んだのが、はらはらと落ちてきた。当人はもちろん、まっさおになり呆然として立ちつくした。

他の検非違使たちは、いそいで衣服を整えると、馬に乗って走り去った。当の検非違使は「胸病みたる者の顔」つきで、衣裳を身につけると馬に乗った。残った看督長は、落ちた糸を拾い、盗人の検非違使の従者に渡した。一部始終を見ていた放免たちは、「俺たちが盗みをして放免になったのも、何も恥かしいことではなかったぞ、検非違使どのでもあの有様だ」としのび笑いした（『今昔物語集』）。

放免の追剝ぎ

誰それの妻とはいわないが、物詣での好きな女がいた。としは三十歳ばかりの美しい女性であった。鳥辺野のお賓頭盧さまは霊験あらたかだというので、童一人を供につれて、十月二十日の午の刻（＝ひる）ばかりに、着かざって出かけた。ところが、そのうしろを派手な恰好をした男がひとり、つけていたのである。

この男は、寺のうちに入ると、人気のないのをみすかして、供の童の手をとらえたので、童はおびえて泣きだした。近くに家もない野の中だから、主の女も恐怖にふるえた。男は刀をつきつけて、さからえば殺すぞと脅したから、童は声もたてられず、着ているものを脱いだ。つぎに男は、主の女を仏のうしろに引き込み犯した。そのうえ、女の衣裳を引き剝いで、東の山に逃走した。女と供の童は、清水寺の僧に衣類を借りて、やっとの思いで家に戻ることができた。

この追剝ぎは、もとは貴族の家に仕える侍であったが、盗みをして捕らえられ、のちに獄舎から釈放されて検非違使庁のした働きの「放免」となっていた者であった（『今昔物語集』）。

盗みに失敗した放免たち

平安京の北の一条の辺に住む男がいた。若い頃から受領（国司）の供をして諸国をめぐるのを仕事としたので、しぜん豊かになり、所領なども持つようになった。豊かになれば当然、盗賊などに眼をつけられることになるのだが、この家は左の獄舎のそばにあった。獄舎の近くには検非違使庁の下役人である密偵、放免どもが多く住んでいた。この放免どもが相談して、男の家に盗みに入ろうとくわだてる。しかし、家の様子がよくわからない。そこで、何とかして、家の様子を知る者を仲間に引き入れなければと考えた。

男の家に、摂津国の所領から徴集されて宿直(とのい)に来ている下衆(げす)男がいるのに、放免どもは眼をつける。「あいつは田舎者だから、物さえ呉れてやれば、よもいうことを聞かぬということはあるまい」と、宿直人の男を放免の家に招いてご馳走し、酒をのませた。

「貴殿は田舎の人だから、都に住んで、いろいろと欲しい物もあるだろうし、またいろいろしたいこともあろう、思いのままにならないで、ふびんなことだ」

と、しばしばご馳走した。どうしてこんなに親切にしてくれるのかと不審には思うものの、「これが都の人びとの心づかいなのだ」といわれ、そんなものかと思い、ねんごろになった。すっかり、うちとけて、もういやだとはいえないくらい手なずけると、放免たちは本題を切り出した。

「じつは、お前が宿直しているあの家に、俺たちを入れてほしいのだ。そしたら沢山の礼をやろう。お前が一生暮らしていけるだけの面倒は見てやろう。このことは他言無用、生命(いのち)あってのものだねだぞ」

と半ば脅(おど)しながら宿直(とのい)の男にいった。

男はいやしい身ながら思慮ある者であったから、悪だくみに乗ってはならないとは思ったが、いま拒否したら、まずいことになろうと思い、「いとやすいこと」と承知した。放免たちは喜び、当座の礼だといって絹や布を与えようとすると、男は仕事のあとでいいというので、「明日の夜、夜半(よなか)に門を押したら内からきっと開けよ」という。放免たちは、あの家は累代(るいだい)の兵(つわもの)の家ではないから恐れることはないと、明日の打ち合わせをして散っていった。

宿直の男は家に帰り、他に人のいないのを確かめてから「申しあげたいことがあります」というと、主人は様子を察して物かげに男を呼び入れた。話を聞いた主人は、「門をあけて盗人を内に入れよ」とのみいった。主人は、かねて懇意にしている兵の家に行き、事の由を告げる。兵は、武芸すぐれた部下五〇人ほどを、ひそかに遣わしましょうと約束してくれた。

翌晩になると、兵どもはひそかに武器などを運び込み、一人ずつさりげなく家に行き、隠れ待ちうけた。放免たちはこの状況を全く知らず、手引きの下衆をたよりにして門内に入ったところを、次つぎに兵たちに捕らえられた。結局、放免たちは全員が殺されたのである（『今昔物語集』）。

盗人は高貴の人か

『今昔物語集』巻二十九は、いかにも故ありげな物語から始まる。「西の市の蔵に入りたる盗人のこと第一」である。「今ハ昔」というだけで、例の如く実年代は不明であるが、某天皇のとき、平安京西の市の蔵に盗人がたて籠った。この市の蔵が倉庫かというと、たぶんそうではなく「肆」すなわち店舗である。検非違使の軍隊がこの肆を囲んだのだが、一行の中に、下部として働く放免がいた。放免は、犯罪をおかし、刑期を終えて出獄し、検非違使の下部として使われた者である。その経歴からして、犯罪捜査にはおあつらえむきだったのである。

たて籠った盗人が放免を肆の戸口に呼び寄せ、「指揮をしている判官殿に伝えよ、『馬からおりて戸のそばに来てほしい、ひそかに申しあげたいことがある』と」——放免からこれを聞いた判官は戸のそばに行こうとする。他の検非違使たちは、何ということをと危ぶんだが、判官は「きっと理由のあることだろう」と、かまわず近寄る。しかも判官は、戸の内に入り、何やら盗人と話しあいを始めたのである。「とんでもないことを」と人びとはいいたてていたが、やがて判官が外に出てきて馬に乗り、「今はわけはいえないが、盗人を捕らえるのは待て、天皇に申しあげるべきことがある」と、思いもよらぬことをいい走り去っていった。

ほどなくして判官が帰ってくる。そしてさらに驚くべきことを申し渡す。

「この捕りものは中止せよ、速やかに引きあげよとの宣旨が出された」

というのである。検非違使は兵たちを退かせたあと、判官ひとりそこに留まり、日が暮れてから戸のかたわらに行き、盗人に天皇の仰せを伝えると、盗人は声をあげて泣いた。再び内裏に赴いた判官は、ことのさまを天皇に奏告した。肆から出た盗人はどこへ行ったのか、それよりも、あの盗人はいったい誰だったのか、どうしてこのような経過をたどることになったのか、誰も知るものはない。『今昔物語集』は「遂ニ其ノ故ヲ人不知サリケリトナム語リ伝エタルトヤ」と記すのであるが、肆に入ったあの盗人は、おそらく身分を明かすことのできない高貴の人だったのであろう（『今昔物語集』）。

ことの推移を見れば、盗人が天皇の実子だったのではないかとの推測も可能である。天皇の名も知られず、もちろん盗人の名も知られず、かれの行方も不明のままである。小峯和明氏は、真相を知る者が、天皇―検非違使判官―盗人のみであり、その場が「市」というアジール（聖域、避難所）性のつよい場であることに注目し、固有名詞が消されることによって、かえって物語の信憑性や神秘性がたかめられたと述べている（『説話の声』）。

孫王の犯罪

天徳四年（九六〇）五月十日の夜、源満仲の家に強盗が入った。そのとき満仲は、盗賊の一味倉橋弘重を射とめた。捕らえられた弘重は、中務卿式明親王（九〇七―六六）の二男親繁王と宮内丞中臣良村・土佐権守蕃基男らが企てたことだと白状した。これは由々しきことであった。式明親王は醍醐天皇の皇子、すなわち親繁王は天皇の孫に当たるからである。

事の重大さに、検非違使右衛門志錦文明は参内し天皇に申し上げた。当然、天皇は盗賊どもを捕らえよと宣旨を下す。中務親王家の家人のいうには、「たしかに孫王（＝親繁王）は夜明け前に親王家にお入りになった。同類の紀近輔・中臣良村らもこの家に居る」とのことである。親王はわが子をかばって、「親繁は重い痢病を煩いこの家に居る、しかし起居もままならぬ有様である、病が癒えたら身柄を引き渡そう」という。

宣旨を蒙ったものの、検非違使たちも親王家に踏み込むわけにはいかなかった。しかし仲間のひとり紀近輔は成子内親王（＝宇多天皇の皇女）の家にひそんでいたのを逮捕された。かれは、親繁王を首領として満仲邸に入ったことを認め、贓物（盗品）はすべて親繁王のところにあると自白した。天皇は親王を罰し、親繁王が外に出てきたら直ちに召捕れと命じた（『古事談』）。この話は、先の『今昔物語集』の語る、西の肆にたて籠った盗人の話しと、何やら重なるところがある。

天皇の犯罪

わが国古代の刑に挌殺なるものがあった。挌殺とは、殴り殺すことである。元来、律令国家の死刑は絞・斬の二種であった。しかし、宝亀四年（七七三）八月二十九日太政官符（『類聚三代格』）は、行火盗賊を捕らえて、実たらば、衆に示して挌殺し、以て後悪を懲らせとしている。ここに、死刑は三種となったのである（石井良助『日本法制史概説』）。

宝亀十年（七七九）十月十六日太政官符（『類聚三代格』）では、神火に事よせて郡司を失脚させ、多く官物を損なうことがある、今後もしかかることあれば、主犯・従犯を問わず「一にみな打ち殺せ」と命じた。また延暦十二年（七九三）八月二十一日の夜、内舎人山辺真人春日が春宮坊帯刀舎人紀朝臣国と共謀し、帯刀舎人佐伯宿禰成人を殺害した。ことは翌日発覚し、犯人らは逃亡した。恒武天皇は大いに怒り、全国手配の結果、二人は伊予国で捕らえられた。天皇は左衛士佐従五位上巨勢朝臣島人を遣わし挌殺させた。噂では、犯人らは皇太子の密命を受けていたのだともいう（『類聚国史』）。

さらにのち『三代実録』（巻四十四）元慶七年（八八三）十一月十日条に次のような記載がある。

散位従五位下源朝臣蔭之男益侍二殿上一、猝然被二挌殺一、禁省事秘、外人無レ知焉、帝乳母従五位下紀朝臣全子所レ生也

この事件について、川上多助氏は『平安朝史　上』で、犯人は陽成天皇であると断じている。『三代実録』はあからさまに天皇を犯人と指名するのを憚ったのである。陽成天皇は清和天皇の第一皇子で、わずか九歳で皇位につき十五歳で元服したが、奇矯の振舞いが多く、後世「悪君之極」（『扶桑略記』）とか「物狂帝」（『皇年代略記』）などと評されている。元慶八年二月四日、十七歳で退位したが、太政大臣藤原基経に送った天皇の手書には「朕近親病数発、動多疲頓」と記されていた。しかし慈円（一一五五―一二二五）の『愚管抄』には「昔の武烈天皇の如くなのめならずめざましくおはしましければ、をぢにて昭宣公基経は摂政にて、諸卿群議有て、是はいかがは国主とて国をも治おはしますべきとなん、おろしまいらせんとて、やうやうに定め有ける」と書かれている。天皇は長寿で、天暦三年（九四九）八十二歳で没した。

藤原保昌とその一族

平安時代の盗賊というと、袴垂（はかまだれ）の名が挙がるくらいそれは名高い。その盗人の大将軍袴垂を恐怖させた公達こそ、藤原保昌（やすまさ）であった。この話は戦前の小学校の教科書にも載っていたが、出典は『宇治拾遺物語』ないし『今昔物語集』であった。

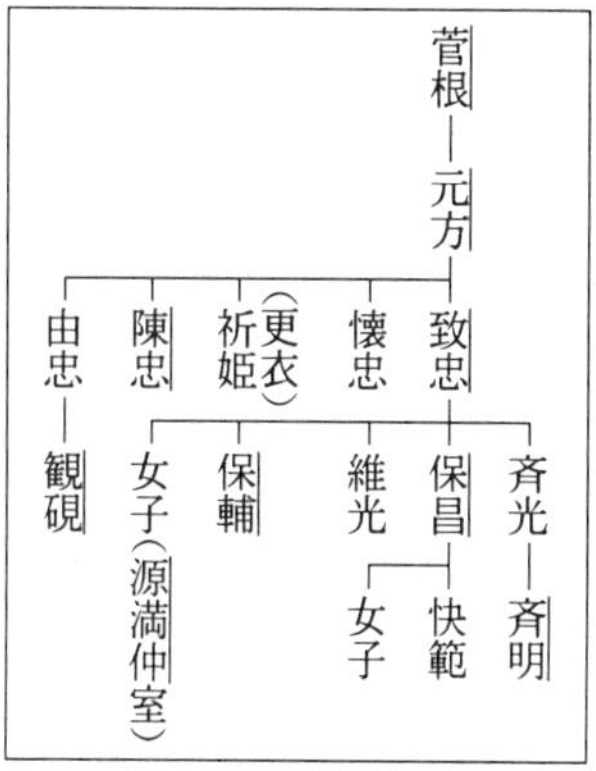

藤原保昌の系図

保昌の祖父元方は怨霊となり藤原師輔に祟った人物であり、父致忠は長保元年（九九九）前相模守橘輔政の子惟頼と郎等二人を射殺して佐渡国に配流された。叔父の陳忠は信濃守となり、任終てて都へ帰る途中、美濃国との境の御坂峠で谷に転落したが、籠で引き上げられるとき、谷でみつけた平茸を沢山持って上がってきたという、例の著名な人物である。「受領ハ倒ル所ニ土ヲ摑メ」というではないかと名言を吐き、貪欲な受領の典型と称されたのである。

保昌を含むかれの一族の略系図を右に示すが、この一族、じつに話題に富むのである。保昌の曽祖父菅根は昌泰四年（九〇一）菅原道真が左遷されたとき内裏にかけつけた宇多上皇の車をさえぎった人物である。

保昌の兄斉光（右兵衛尉）の子右兵衛尉斉明は、寛和元年（九八五）正月六日の夜、大江匡衡を襲撃して追捕を受け、いったんは船で瀬戸内に逃れ海賊の庇護を受けたが、のち近江国で討たれ、首は獄門にかけられた。妹は多田源氏の棟梁源満仲の妻であり、頼信を生んだ。叔父由忠は長門守であったが、その子観硯は聖人で、若い頃家に入った盗賊を見のがしてやり、後年その盗人から恩返しを受けたという逸話を持つ（五七ページ参照）。

盗賊藤原保輔

保昌の弟保輔（やすすけ）は盗賊であった。「強盗の張本、本朝第一の武略にして、追討の宣旨を蒙（こうむ）ること十五度」（『尊卑分脈』）という人物である。太刀や鞍・鎧・かぶと・絹・布など種々の品物を扱う商人を家に呼び入れ、言い値のままに買い、代価を支払うからと奥の倉に誘い、倉の下に深く掘った穴につき落とし物を奪った。その家は姉小路の南、高倉の東にあった。

寛和元年（九八五）正月二十日、左大臣邸の大饗（だいきょう）（宴会）のとき、中門内で藤原季孝（すえたか）が顔を傷つけられたが、その犯人は保輔とされた。かれは検非違使の追及を逃れて、約三年たった永延二年（九八八）閏（うるう）五月八日、前越前守景済（かげなり）宅と織部令史茜是茂（おりべのさかんあかねのこれしげ）宅に強盗に入り、盗品も発見された。しかも、検非違使源忠良を射たのも保輔であり、さらに右兵衛尉平維時（たいらのこれとき）殺害をも企てていたという。忠良は三年前に斉明を追捕した人物であり、維時は忠良ゆかりの者であった。保輔は忠良一族に報復しようとしたのであろう。

保輔は三条の中納言顕光（あきみつ）邸にかくまわれていた。うわさを聞いて、検非違使や瀧口（たきぐち）の武士たち多くの者が顕光邸を包囲したが捕らえることができなかった。しかし、追及の厳しさに耐えかねた保輔は、北花園寺で剃髪出家し、旧僕の忠信（延）を頼ってきたが、却って密告されてしまう。逃れ難いとさとり、自ら刀を抜き腹を刺し腸を引き出した。悽惨（せいさん）きわまりない状況であった。密告した忠信は、賞として左馬寮の医師にとりたてられたのである（『小右記』）。

保輔の頃から一五〇年ほどのち、長承元年（一一三二）八月十七日の夜半、検非違使源為義（源頼朝の祖父）が、内大臣藤原宗忠のところへやって来て、盗賊の下手人六人のうち三人を捕らえたと報告したが、その折に、「首領である越中権守雅光について、未だなんの沙汰もないのは奇怪なことである」といった。これに対して宗忠は、「申す旨は尤もである、雅光の件は『風（ふ）聞（もん）ス二天下ニ一』――世間のうわさになっている」と述べている（『中右記』）。「あの男は盗人だ」と世間には知られており、その住まいもわかっているにもかかわらず逮捕されない。そのような社会なのである。

II 盗みは死刑
——中世社会——

戦国時代末期に日本にやってきたイエズス会の宣教師ルイス・フロイス（一五三二―九七）は、当時の日本社会を観察し、ヨーロッパとの比較というかたちで、興味ふかい記録を残した。岡田章雄訳注『ヨーロッパ文化と日本文化』（岩波文庫、一九九一年）がそれである。その一節に、

「われわれの間では窃盗（せっとう）をしても、それが相当の金額でなければ殺されることはない。日本ではごく僅（わず）かな額でも、事由のいかんを問わず殺される。」

とある。このことについては、フランシスコ・ザヴィエルも、一五四九年十一月五日付の書簡で、

「（日本には）窃盗はきわめて稀（まれ）である。死刑を以て処刑されるからである。彼らは盗みの悪を非常に憎んでいる。」

と書いている。

一　『古今著聞集』から

鎌倉時代中期の建長六年（一二五四）に成立した説話集に『古今著聞集』がある。橘成季の編で二〇巻。「神祇」「釈教」「公事」「和歌」など三〇項目に分類して多くの説話を集めたものである。もちろん、その中に盗賊の話も含まれている。

大殿・小殿

大殿・小殿といわれる著名な強盗の棟梁（頭目）がいた。大殿は後鳥羽院のとき捕らえられ、小殿は検非違使高倉判官章久のもとに自首してきた。不審に思った章久は、なぜ自ら名乗って出たのかと問う。小殿は、私は長いこと、西国では海賊、東国では山賊、京都では強盗を働き、辺土では追剥をして暮らしてきたが、(1)心の休まることなく、夜も寝られず、わが身の恐ろしさに耐えられなくなったのであると答える。あわれに思った章久は、徳大寺殿藤原実基（一二〇一―七三）に祗候している源康仲（検非違使・北面武士）に奉公させた。康仲は小殿に給与三〇石を与えて召仕ったが、主家筋の徳大寺実基の要望で、実基のそば近く仕えさせた。小殿はさらに五〇石の給与を授かり、ひたむきに夜の宿直勤務にはげんだ。しかも小殿は、盗賊の頃の経験と情報を利して、真木島十郎なる強盗の首領を逮捕するのに功労があった。真木島（槇島）は巨椋池に面する交通の要衝で、十郎はここに拠点を置く盗賊団のボスだったのであろう。あるとき、緊急に宇治布（麻布）一〇段が必要になり、実基が早足の力者に代金を持たせ、小殿を兵士として警固につけてやったところ、小殿の方がはるかに足が早く、力者がどんなにいそいでも小殿には追いつかない。そこで、小殿は力者から代金を預かり、鳥の飛ぶが如く宇治に赴き、すぐに布を背負って帰ってきた。「すべて山を走り、水に入りてふるまへるさま、凡夫の所為にはあらざりけり」と記されている（『古今著聞集』）。

（1）西国―海賊、東国―山賊、京都―強盗、辺土―追剝という対比は興味ぶかい。水運を主とする瀬戸内、陸上運輸を主とする東国、京都における集団強盗、人どおりの少ない郊外ではおいはぎ、と類型化されている。

交野の八郎

後鳥羽院（一一八〇―一二三九）のとき、交野の八郎という強盗の張本（＝頭目）がいた。その呼び名から推測するに、たぶん河内国交野の生まれの盗賊であろう。交野は現在の大阪府交野市・枚方市に当たるが、古代・中世において水陸の要衝であった。

八郎が摂津の今津にいるというので、院は西面の武士(1)を遣わして捕らえさせようとした。後鳥羽院も船に乗って、これをご覧になった。船で四方を囲むが、なかなか八郎を捕らえることができない。ところが、院が自ら櫂を執って船を操ると、八郎はたやすく捕縛された。水無瀬離宮に八郎を引き据えて、なぜかくもたやすく搦め捕られたのかと尋ねると、八郎はつぎのように述べた。

いままで長いこと、私を捕らえようとつぎつぎに追捕の役人を遣わされたが、私はたやすく逃れ、山賊・海賊を働いてきた。今回も、西面の武士に囲まれても少しも恐れることはなかったが、院がご自身お出ましになり、しかも船の櫂をお執りになって片手で軽々と操られるのを見て、ああ、もう逃れられないと観念したのです。

まさに位まけというべきであった。院は八郎を赦し、中間(2)として召仕った。後鳥羽上皇が文武両道にすぐれていたことは、よく知られたことであったらしい。とくに弓馬・水練に長じ、『承久記』は、「横しまに武芸を好ませ給ふ」と記している。

(1)　西面の武士は、後鳥羽上皇のとき設置された院警固の武士で、多くは鎌倉の御家人であった。その兵力については未詳であるが、承久の乱のとき、院方武力の中心となった。白河上皇のとき設置された北面武士が、武力のみでなく四位・五位の院側近官人をも含むものであったのに対して、西面武士は純然たる武装集団であった（『古今著聞集』）。

(2)　中間は、公家・武家・寺社の従者の呼称として見える。例えば『北条重時家訓』では「侍・雑色・中間」

の順で記すが、ふつうは、侍（老従・郎等・殿原）―中間―所従（雑色・小者）と位置づけられる。

腰居の釜盗人

身分いやしい者の住まいで釜が紛失した。きっと、隣家の腰居（=いざり）が盗んだにちがいないと探ると、果たせるかな盗品が出てきた。腰居の男は、「私はからだが不自由で、両手を使わないと歩行できないのだから、なんで釜を盗むことなどできましょうか」と陳弁したので、無罪の判決が出た。しかし、盗まれた男が、なおも強硬に主張するので、検非違使の別当藤原兼光（一一四五―九六）が、直接その主張を聞くことになった。兼光は一計を案じて、「腰居の主張はもっともである。この釜を腰居に与える」と申し渡した。よろこんだ腰居は、釜を頭にかぶって、いざり出た。すかさず兼光は、「やつが犯人だ、こうやって盗んだにちがいない」と、腰居を処罰した。兼光が検非違使別当になったのは建久二年（一一九一）十二月で同五年八月に辞任しているから、この頃の話であろう。

この話は『古今著聞集』に出ているが、江戸時代に出版された『鎌倉比事』という書物では、執権北条泰時の裁判ということになっている（瀧川政次郎『裁判史話』）。しかも後世、これと同類の話が、いわゆる〝大岡裁き〟の中にも含まれるようになる。

朱雀門に住む女盗賊

いつのことか、西の京に住む者が、夜ふけて朱雀門の前を通りすぎると、門の上に灯がともっている。むかし、朱雀門には鬼が住むとの話もあったから、恐ろしくて、足早やに過ぎ去った。しかし、またある夜そこを通ると、やはり灯がともっているので、そのことを近くに住む人びとに話す。生命しらずの村人どもが、確かめてみようと門に登ると、美しい女性が独り寝ている。恐ろしいのをがまんして、子細を尋ねると、なんとこの女は盗人なのであった。このとしごろ、夜は強盗を働いて暮らしていたのだが、手傷を負って臥していたのだという（『古今著聞集』）。

灰を食い改心した盗人

あるところに、こそどろが入った。物音に気づいて起きだした主人は、帰るところを待ちうけて殺してやろうと思った。ふすまの破れめからのぞくと、盗人は少々物を盗り、袋に入れて帰ろうとしたところ、吊り棚に鉢のあるのをみつけて、中の灰をつかみ食べた。ところが、その後、袋に入れた物をもとの所に置いて帰ろうとする。主人は盗人を組み伏せて、縛りあげた。そして盗人に、その振舞いの子細を尋ねた。

「私はこの三日間、何も食べていないので、どうしようもなく、飢えてひもじくなり、盗みに入ってしまった。棚にある鉢の中に麦の粉でも入っているのだろうと食べた。あまりに飢えていたので、何ともわからなかったが、何度も口に入れているうちに、それが灰だとわかり、食べるのをやめたのです。

腹に物が入ると正気に戻り、物ほしさの心が消えた。」（『古今著聞集』）。

弓とり法師

ある家の門の傍(かたわ)らに、弓を持った見張役の法師が立っていた。矢をつがえて門のそばの柿の木の下に立っていたのだが、ある日強盗に襲われた。秋の終わりということで、熟した柿の実が法師の顔にひとつ落ちた。手をやると、べっとりしている。「や、やられた」と思い、おじけづいて、「もうだめだ、どうにも助かりそうにない、早く首を打ってくれ」と傍輩にたのむと、この傍輩も早合点して、「こんなにひどい血ではもうだめだ」と首を打った。護衛の「兵」がこう臆病では役にも立たなかったであろう（『古今著聞集』）。

せこい盗人―琵琶の名器〝元興寺〟―

宮中の宝物で〝元興寺〟と称された琵琶の名器があった。紫檀(したん)の胴（甲）で、ふと弦、ほそ弦がよく調和して、音量もゆたかな良い琵琶であった。この名器は、元興寺を修造するとき、費用に宛てようと寺別当が売りに出したのを後朱雀天皇（一〇〇九―四五、一〇三六―四五在位）がまだ皇太子のとき、買われたものであった。

この琵琶を修理しようと、宮内少輔藤原保仲のもとに遣わしたが、その使いをつとめたのが念珠引き（数珠玉を作る職人）の妻であった。念珠引きは、琵琶の胴の部分を二寸（約六センチメートル）ほど切り取り、他の木質の劣る木でついでおいた。とんでもないことだが、紫檀を二寸切り取って、いったいどれほどの得があるというのか。わずかな利得を欲したばかりに、あたら名器をだいなしにしてしまった。盗人の心とはこうしたものとはいいながら、なさけなく口惜しい限りである（『古今著聞集』）。

やさしい尼君

横川の恵心僧都源信（九四二―一〇一七）の妹とも姉ともいわれる安養の尼のところに強盗が入った。悉く品物を盗まれてしまい、尼は紙衾（紙の側に藁を入れた夜具）一枚をかぶっていた。難を聞いて妹の尼がかけつけてくると、小袖がひとつ落ちている。「これを盗人取りおとして侍りけり」と安養尼に差出し「これをお召し下さい」という。すると安養尼は「いったん取った物は自分の物と思っているに違いない、持主である盗人の承諾なしには着ることはできない、盗人はまだ遠くには行かないでしょう、この小袖を持たせてあげなさい」という。妹の尼は門の方へ走っていき「これを落としましたよ」と盗人に呼びかけた。盗人たちは立ちどまり考え込んでしまったが、盗んだ品物を全部返して去っていった（『古今著聞集』）。

和歌を詠む盗人

承久（一二一九―二二）の頃の話である。内裏に盗人を追いつめ、蔵人所衆の源行実が記録所の辺で搦め捕った。行実はその盗人に白い水干・袴に紅の衣を着せて、盗んだ品物を首にかけさせて、北の陣、朔平門の辺に送り、検非違使に引渡した。

行実は衣冠に巻纓をつけ深沓をはいていた。検非違使佐々木の判官広綱は白襖に毛沓をはき、郎等ら二〇人は同じ色の鎧を着ていた。まことに見物であった。広綱の下部が盗人をうけとると、盗人が「申し上げたいことがある」といい、一首の歌を詠んだ。

あふみ（近江）なる　鏡の山に　かげ見えて　ささき（佐々木野）のへとて　渡りぬるかな

「あふみ」は「鐙」にかけて、「鏡」は「鏡鞍」、「ささきのへ」は「佐々木の方」にかける。この盗人、和歌を詠み風流なというより、ふてぶてしい、そら恐ろしい奴だと人々は思った（『古今著聞集』）。

捕らえられた盗人が和歌を詠んだという話は『古今著聞集』の中にいまひとつある。いつのことか全く不明であるが、宇治木幡で盗人が捕らえられ、取調べのうえ縛りあげられていたが、一首の和歌を詠んだ。

はさまれて足はうづき（卯月）の郭公鳴きはをれどもとふ（問）人もなし

頃は初夏四月（卯月）であった。足は足枷にはさまれていたのである。

盗人についての和歌

『古今著聞集』には、盗人に関する和歌がいくつか載せられている。

〔慶算の歌〕

夕暮に市原野にて負ふきずはくら（鞍馬）まぎれとやいふべかるらん

鞍馬の毘沙門天に参詣した人が、夕暮に鞍馬街道で追剥にあい、衣類をとられたばかりでなく傷を負わせられた話を聞いて詠んだものという。慶算は備前権守源俊通の子で三井寺の僧。『新古今和歌集』や『新勅撰和歌集』などに作品が収められている。

〔澄憲の歌①〕

白波の立ちくるままに玉くしげふたみの浦の見えずなりぬる

澄憲僧都（一一二六―一二〇三）がまだ稚児髪の少年だったときの話である。身辺の世話をする僧が髪を剃ろうとしたところ、剃刀・鋏など小道具を入れる手箱がない。盗人にとられたのであった。

〔澄憲の歌②〕

ぬす人は長袴をやき（着）たるらんそばを取りてぞ走りさりぬる

「そば（稜）」というのは袴のもも立ちのことである。坊の隣の畠にうえた「そばむぎ」を盗まれたのである。

〔浄縁の歌〕

山守のひましなければかぎわらびぬす（盗）人にこそ今はまかすれ

前右大臣藤原忠経（一一七三―一二二九）の山荘の蕨の若芽が盗まれたとき、山守浄縁が詠んだ。

二　眼には眼を、歯には歯を

死を恐れぬ日本人

ルイス＝フロイスの『ヨーロッパ文化と日本文化』（岩波文庫）の中につぎのような文章がある。

> ヨーロッパでは主人（セニョール）が死ぬと従僕らは泣きながら墓まで送って行く。日本ではある者は腹を裂き、多数の者が指先を切りとって屍を焼く火の中に投げ込む。

わが国における殉死（＝追腹（おいばら））の慣習を述べているが、小指の先を切りとることは、平戸のイギリス商館長リチャード＝コックの日記に基づく記述であるという。

一七七五年に出版された、オンノ・ズウィール・ファン・ハーレンの『日本論』は、やはり日本人が死を恐れぬことに注目しているが、つぎのようにいう。

> 領主が城や館（やかた）を建てる時には、臣下たちの間で、誰が生きながら土台の下に葬られるお許しにあずかるか、との争いがしばしばもちあがった。それが建物にたぐいない慶福をもたらすものと信ぜられたからである。また主君の死に際しては、十ないし二十人の重立った家臣が、それぞれこの恩人に対す

る自分たちの忠誠の証しを立てるために腹を切るのが慣わしになっている。

では、なぜこのような民族性が生まれるのか。「霊魂輪廻転生の説が日本神学の主要な教義の一つであること」と、日本の風土によるのだと、ファン＝ハーレンは説く。

なぜかといえば、日本は、ケルンネスス・キンブリカ〔ユトランド半島の古名〕やエルベ河以北の諸国民より南方に位してはいるが、この島国の風土はそれに劣らず厳しいからである。四方を逆巻く荒海に囲まれ、夏は焼けつくような暑さに、冬は身を切るような寒さに晒され、いたるところに火山があって地震の絶え間がない国に生活し、日頃から河川の氾濫に悩まされ、周期的な空気汚染に見舞われている日本の住民は、この世で目を開いた時からありとあらゆる死の形象に親しんでいるのである。きびしい自然環境が死を恐れぬ人びとを育てたという。日本人は好戦的で勇敢であり、農業よりも戦争を好み、「土地耕作がおろそかにされ、自然の恩沢とあらゆる豊かな農作物に恵まれたにもかかわらず、饑饉が稀ではなかった」という。この点は必ずしも素直には肯定できないが、「死」についての観察は間違いないであろう。死を恐れないということは殺人についても、あまり深刻に考えないということである。ルイス＝フロイスは、つぎのように記している。

「われわれの間ではそれをおこなう権限や司法権をもっている人でなければ、人を殺すことはできない。日本では誰でも自分の家で殺すことができる。」「われわれの間では人を殺すことは怖ろしいことであるが、牛や牝鶏または犬を殺すことは怖ろしいことではない。日本人は動物を殺すのを見ると仰天するが、人殺しは普通のことである。」「われわれの間では人が他人を殺しても、正当な理由があり、また身を守るためだったならば、彼は生命は助かる。日本では人を殺したならば、そのために死ななければならない。またもし彼が姿を現わさなければ、他人が彼の代りに殺される。」「われわれの間では召使(クリアード)の譴責や従者(セルヴォ)の懲戒は、鞭打ちでもって行う。日本では首を切ることが譴責と懲戒である。」

自力救済の社会

日本の中世社会では、村々の「自検断(じけんだん)」が行われていた。村の犯罪は「ムラ」の中で処理されたのである。中世社会は「自力救済(じりききゅうさい)」の社会であったといわれる。人びとは、自己の権益を自分の力で守った。公権力の保護に頼らず、個人として、家として、村として、自力で権益を守った。中世社会はtalio（タリオ）すなわち同害報復の社会であった。換言すれば、「眼には眼を、歯には歯を」の社会であった。

延文二年（一三五七）三月、大和国法隆寺郷で、金剛丸なる者が倉に盗みに入った。倉の外から穴を掘り、地下から侵入したのである。ところが、事の次第を見ていた者がおり、かれは刀を持って穴の口で待ちうけ、盗人が穴から出てくるところを斬りつけ捕らえた。盗人金剛丸は殺され、死骸は極楽寺の山に捨てられた。同じ年の十一月、北室に入った盗人は首を斬られ、暦応五年（一三四二）六月幸前(こうざき)で捕らえられた盗人も、翌日には斬首(ざんしゅ)されている。

盗みは死罪

延文二年（一三五七）六月八日の夜、阿伽井坊に入った盗人は、酒・味噌・鉢・提桶などの雑具までも悉く盗み取った。詮議の結果、国府後に住む彦二郎・彦三郎兄弟の家に俵詰めの盗品が発見された。法隆寺衆中は国府後惣中に対して、盗人を搦めとり差し出せ、しからずんば一〇貫文を出せと申し渡した。国府後惣中は、盗人を捕らえたうえ、寺の回廊の掃除を毎年三度無償で行うと約束した。

同年十一月十八日の朝、北室に入った盗人は岡本の熊鶴丸といい、伝法堂小屋にかくれていたのを夕方になって見つけられ、同夜斬首された。暦応五年（一三四二）六月三日、幸前の神屋八郎の家に盗人が入り、犯人として下長の者が捕らえられた。翌朝、桜池の上の山で斬首されたが、下長の小泉浄観がこれに抗議して幸前に押し寄せ、争いとなった。七月六日には、浄観の下人二人が幸前方の者に討たれたので、翌年四月十八日になって浄観は幸前に攻め寄せて合戦となった。この件は、二十二日に至り和与（和談）が成立している（『嘉元記』）。

播磨国鵤荘で

永正八年（一五一一）四月十八日夜半、東浦村の後家の家に二人の賊が侵入しようとした。ところが、夜番で見回わりをしていた荘政所の中間彦次郎が政所の坪（＝庭）からこれを見つけ、堀を渡りかけつけ、盗人に打ちかかった。盗人の一人は逃走したが、他の一人は二尺八寸の太刀を振って手向かったので、追いつ返しつ六、七度戦いこれを斬った。盗人が持っていた太刀・包丁・火打は彦次郎に与えられた。屍は片づけ、首は弘山の川原に三日間さらした。のちに、盗人は弘山の住人三左衛門の子であることが判明し、守護方から糾明をうけた。

天文十四年（一五四五）五月頃、平方村に大麦泥棒が四、五人いると注進があった。荘政所では公文（くもん）と相談して人を遣わしたが、盗人らはすでに逃走したあとで、一人も捕らえることができなかった。そこで盗人らの住屋を破壊しようとしたが、菩提院（ぼだいいん）の弟子大進法師がその家を貰いうけたいと申し出た。しかし許可されず、大進法師は乱暴にもその家に火を放った。政所では法師を追放処分としたが、かれは勝手に荘に出入りしていた。その罰であろう、弘山の祭礼の日に喧嘩をして殺されたという（『鵤荘引付』）。

和泉国日根荘で

文亀二年（一五〇二）正月、犬鳴（いぬなき）山の七宝滝寺（しっぽうりゅうじ）の悪僧を召取ろうとしたところ、一人は抵抗したので打ち殺し、一人を捕らえた。不動明王修理米が盗まれた件について、かねてうわさのあった人物であった。被疑者の家から盗品と思われるものが多く出てきた。中に「不動明王修理米」と書いた札をつけた米俵も出てきたから、もう間違いないと思われた。委細（いさい）を糾明しようとすると、被疑者の親類が、何とか穏便（おんびん）にと働きかけてくる。寺庵の老僧や番頭ら有力者が助命嘆願するので面倒なことであった。しかし、二人のうち一人はすでに殺されていて、他の一人が許されるというのは理に合わないということで、「罪科に差別すべきに非ず」と、九条政基は犯人を斬れと命ずる。[1] 犯人の房内にあった品物が差押えられ、その目録も残っている。一月二十七日に犯人は斬られたと九条政基は日記（『政基公旅引付』）に記しているのだが、この話には裏がある。

（1）文亀四年（一五〇四）正月十一日のたそがれ時、入山田村の職事源五郎の腰刀が紛失した。湯起請を行い、盗人は舟淵の領家方番頭の源三郎宮内と判明した。犯人が番頭という立場にあり「大切」な人物だからと助命の嘆願もあった。しかし、訴訟に「扁頗」あってはならないと政基は斬首を命じた。

助命嘆願

政基は「加賀・万五郎両人為二見使一今日切棄了、不便〱」と書いているのであるが、「九条家文書」の中に、二月八日付の南右近五郎等連署請文というのがある。宛所は「加賀殿　山田孫（万）五郎殿両人参」となっている。興味ふかい話であるから、内容をつぎに記す。

今度の犬鳴明王の盗人の罪科の件について、一人が処断されたのはやむをえないが、いま一人の捕らえられた者については、いろいろ詫言（わびごと）を申して、ゆるしてほしいと願った。しかし法の定めもあることだからと、同様に斬罪に処するとされた。私どもが余りに歎願したので、人目にもあまり、ひそかにたすけ下さったこと、生涯忘れるものではありません。もしこのご恩を忘れて、四か村の地下（じげ）に仇（あだ）をなすようなこと、またご本所さま、御内人（みうちびと）にいかようなる緩怠（かんたい）をなすことあれば、われわれを罪科に処されても異議ありません。このように後日のために約束の文を書きました。

この手紙の宛所の二人は刑執行の立会人である。表むき盗人は処刑されたことになっていたのだが、じつは村びとらの歎願によって、一人は助命されたのである。九条政基が、裏の話を承知していたかどうか定かではない。

飢餓と盗人

文亀三年和泉国はひどい旱魃に見舞われた。稲は実らず多くの百姓らが餓死した。人びとは蕨(わらび)を掘って命をつないだという。蕨の根をとり、水にさらして粉（澱粉）をとるのである。飢饉の際の大切な食料となるから、盗まれる恐れもある。したがって見張番をつけておいたのであるが、盗人のあとを追いかけると松下の滝宮(たきみや)の第一の御子(みこ)（巫女）の家に逃げ込んだ。そこへ見張番がふみ込むと母と二人の息子がいたので、たちどころに殺してしまった。以前から、盗んだとのうわさもあったから、たちまちこの仕儀となったのであるが、一人の証人も置かず母親まで殺すとはやりすぎだと、政基は書いている。

三月二十六日にも同じような事件が起こった。蕨粉を盗んだ者を見つけて家に追い込み、これを殺してしまった。寡女二人であった。そのほか、十七、八歳の男子や年少の子ども六、七人が殺されたという悲惨な話である（『政基公旅引付』）。

譜代百姓の犯罪

正円右馬と呼ばれる人物がいた。かれは犬鳴の西坊にやってきて、亀源七が西坊に預け置いた米一俵に「正円右馬」の札を付けさせ持っていこうとした。そこへ預け人の亀源七が米を取りにきた。亀源七は自分の名を書いた紙を俵の中にいれてあるといい、それをとりだして見せた。正円右馬は勘違いだったと俵を亀源七に渡した。正円右馬は他人の苅干稲を取ったり、犂(すき)の鉾を取ったりしており、斬罪に処すべきだと村人らは主張した。二〇貫文の献金で罪を相殺してほしいとの申し出もあったが、政基は、「地下外聞尤後難不レ可レ然」と処刑を命じた。永正元年（一五〇四）三月二十九日払暁、正円右馬は誅殺(ちゅうさつ)された。

正円右馬には隣に住む伯母がいた。右馬は伯母のところに米・麦などを少々預け、また具足(ぐそく)一領も預けてあった。右馬には三人の子どもがいた。十四歳の女子、六歳の男子と二歳の女子であったが、三人は父を殺されて夜通し野を泣き歩き、夜が明けると伯母を頼って行ったが、無情にも伯母は三人を追い出した。母親はすでに離別しており、三人は伯母に頼るよりほかなかったのである。政基は、伯父や祖母もいるのだから、かれらに子どもを扶助させるべきだという。しかも正円右馬は譜代(ふだい)の百姓なのだから、家を断絶させるべきではないと、右馬の甥である職事(しきじ)にしかるべく計らえと命ずる。公事屋(くじや)維持のため、右馬の跡の田地等作職以下は、子どもが年少だからと伯父大屋右近以下惣地下に預け置き、子の成長をまち家を継がせることにしたのである（『政基公旅引付』）。

殺害・放火・盗み

延慶四年（一三一一）六月四日、大和国の田中の殿原(とのばら)が小泉の北浦で因幡法橋(いなばほっきょう)の舎弟浄円の下人(げにん)を殺害し、田中と小泉の合戦となった。暦応五年（一三四二）四月八日、寂蓮の嫡子彦太郎なる者が随現専当の妻女を殺害した。随現専当の息女を召仕っていた浄専なる者が彦太郎を追いかけ、その家を探したが、誰かが火を放ち、ために近隣の家五、六軒も類焼した。翌日集会があり、彦太郎とその六親(ろくしん)（父・母・兄・弟・妻・子）を処罰した。放火については落書が行われ浄専の罪科が定まった。

延文元年（一三五六）十二月、竜田の宮の神人(じにん)源三大夫が神南西浦山で殺害された。神南荘の悪党の仕業(しわざ)とされ、落書によって、神南荘の下司(げし)の嫡子が犯人とされたから、その家を焼いた。しかし翌年三月十五日になって、国内の諸社の神人らが竜田宮に集まり、神人殺害についての処罰は不徹底で不満であるとし、神南荘に発向すべしと決定した。法隆寺側は、貝を吹き鐘をついて人びとを集め、神南荘にたてこもり防衛した。ために、神人らは神木を竜田に置いただけで発向のことはなかった。法隆寺側から内々に三貫文の「清掃分」を出して事は落着した。しかし神南荘は三貫文の支払いに不服で、負担を承知しなかった。法隆寺は南・北両下司と百姓の上首（オトナ）五人の計七人を罪科に処し、かれらの作田を差押える措置をとった。結局、両下司ら七人は三貫文を出すことで罪をゆるされ、九月九日、三経院で手うちの酒宴があった（『嘉元記』）。

没収の作法

暦応二年（一三三九）三月二十六日の夜、大和法隆寺の「天童米之蔵」へ盗人が入り、同二十九日に落書があって、それに基づき徳丸なる者を捕らえたところ白状したので、これを斬首した。共犯とされた賢蓮房は行方をくらましたので、資財などは寺の公文方が差押え（「点定」という）、住屋は中院が買収した。このとき問題となったのは、賢蓮房が耕作していた田地の処置であった。

賢蓮房は聖霊院三昧供田二段余を耕作していたのだが、公文所はその作麦を差押えた。これに対して、三経院が、作麦のうち半分は賢蓮の作分（作人得分）だから差押えられてもやむをえないが、残り半分は地主分で太子御領であるから差押えるべきではない、しかも、先年「水廟」（水神社？）の盗人のときには、夏麦の半分は領主に与えられ、半分を公文所が没収した、これを先例とすべきであると主張した。問題の田地には公文所方から札を立て（点札）、「札ノ本」三〇〇文を取るといったという。札の本とは、点札を解除してもらうための代償である。

これについて聖霊院三昧方は、麦などの作物を差押えるときは「シメ」（標、注連。四目とも書く）を立て、田地を差押えるときに札を立てるのが昔からのきまりである。しかるにいま問題となっている土地は三昧方の私領ではない。それなのに、なぜ札を立て「札ノ本」を要求するのかと、公文所に抗議した。作物（立毛）の差押えと下地（土地）の差押えには相違があったというのである。

斬首された徳丸が知行していた一段（青竜寺にもあった）も公文所によって差押えられた。この田地の地主は定宗子大で、先に「作主分」（作主職）も徳丸から買い取っていたのだが券文（証文）がいまだ徳丸の家にあったので、公文所の差押えをうけたのであった。そこで定宗子大は一貫文を公文所に出して券文を取り戻し、同時に「札ノ本」三〇〇文も出して田地の差押えを解除してもらった（『嘉元記』）。

三　犯人指名

実証と風聞

弘安八年（一二八五）三月、大和国の興福寺は、悪党（あくとう）について大和国一国を対象とした大規模な落書（らくしょ）を行った。落書というのは投書、密告のことである。現在残っている落書は二七通で、その内容は、例えばつぎのようなものである。

一、長円房と慶琳房（けいりんぼう）の二人は、夜間他人の田の稲を刈り取り、他人の物を奪い取り、田地を掠（かす）めるなどしながら、いまは寺僧として思いのままに振舞っている。
二、延春房（えんしゅんぼう）は、博奕（ばくち）をうち、夜間に田を刈るなどしている。
もし、以上のことが、うそいつわりであったならば、春日（かすが）五所大明神ならびに七堂三宝の御罰を、八万四千の毛穴ごとに蒙（こうむ）ってもやむをえません。
弘安八年三月　日
（春日神社文書）

起請文（きしょうもん）の形式で悪党を密告しているのであるが、こうした落書の制度は中世寺院の慣習に基づくものであり、江戸時代にも行われていた。

大和の中宮寺では、建武四年（一三三七）十一月二十四日で「盗人落書規式」（法隆寺文書）を設けた。その内容はつぎの通りである。
一、実証（裏付けのある証言）が一〇通以上あれば真犯人と確定する。風聞（＝普聞、風評）は三〇通で実証一〇通に相当するものとして扱う。
一、真犯人であることが明らかになったならば、たとい親子・兄弟・所従・眷族であっても、人びとと共に逮捕に向かい、犯人の身柄を搦め捕り、その住宅は即時に焼却すること。
一、もしも、力をたのんで決定に従わない者があったら、寺内も諸荘園も力を合わせてそれに対抗し実現するようにしなければならない。
落書は東大寺でも行われていた。嘉暦三年（一三二八）四月、東大寺の綱封蔵（現在の正倉院南倉）に盗人が入った。これを卜うと、犯人は東南から来て西北に逃げていった、盗品はすでに犯人の手許にはない、犯行には寺辺の者も加わっており、年末までには犯人は露顕するだろうということであった。この件につき、東大寺は落書を行った。この落書は「雨落書」（＝意味不明である）と呼ばれているが、三通以上の落書で指名されると、その身柄は拘束された。

懸賞金をかける

延慶三年（一三一〇）七月五日、法隆寺の蓮城院に強盗が入った。寺では、上品（＝上等）二〇貫文、中品一〇貫文、下品五貫文の懸賞金をかけた。そして十七日、法隆寺郷・龍田郷をはじめとする一七か郷（現在の奈良県生駒郡斑鳩町・安堵町の範囲）に書状を送って、龍田神社で「大落書」を行うとした。落書によって犯人の指名を行うというのである。

都合六〇〇余通の落書があり、実証一〇通以上、普聞六〇通で指名された者を犯人とする定めであった。結果は、実証二〇余通の定松房と一九通の舜識房の二人が犯人ということになった。しかし両人はもちろん無実を主張する。そこで両人に真犯人（「実証之盗人」という）を探させることになる。真犯人を探し出すことができなければ、かれらは犯人にされてしまうのである。

事件から五か月もたった十二月四日、二人はついに広瀬の市で、斎園（恩）寺の初石八郎と常楽寺の大二郎を捕らえた。大二郎は証拠不十分で放免されたが、初石の八郎は六日極楽寺で首を斬られた。一転して、懸賞金上品二〇貫文は、最初犯人と指名された定松房と舜識房の二人に与えられたのである。

僧の不倫

『東寺文書』の中に、名前も年月日も記されていない一通の落書がある。カタカナで書かれていて少し読みづらいので、現代語訳してみる。

「宝勝院の乱行のことについては、以前に何度か落書で訴えましたが、年預殿や上層の僧たちが贔屓して、これをとりあげなかった、宝勝院が女を宿泊させ、女と関係を持ったことは明白な事実である、そのほかにも女性問題にかかわっていることは明らかである」

この訴えは、寛正三年（一四六二）十二月二十三日の会議でとりあげられ、年内はもう日数もないことだから、歳が明けた一月の十五日以後に審議すると決まった。そして一月二十三日に会議が行われることになったが、当日、宝勝院重増の不倫について目撃したという証人が出頭して証言した。前年（寛正三年）七月二十三日の重増と女の様子を詳しく述べたので、会議では、女を呼び出して証言につき陳述させようとした。ところが女の夫辰法師は、妻は重増との事実を認めた上でいずれかへ逐電してしまったと報告した。これで重増の罪は確定した（酒井紀美『中世のうわさ』）。

入札の伝統

落書・入札による犯人指名は江戸時代の農村でも一般的に行われていた。上野国群馬郡では、享保三年（一七一八）総百姓が出合い、えこひいきしないことを神文（起請文）で誓い入札をした。山田郡でも、同九年、鎮守の杜に、門屋（＝下人）に至るまで総百姓を集めて入札した。碓氷郡では、安永六年（一七七七）放火犯を入札で決定し、最も得票の多い者を村内の牢に押し込めることにした。利根郡では、天保十一年（一八四〇）作物の盗難があった場合、村中で寄り合い入札するか、または村中の老人から子どもまで全員が、竹槍で犯人に見たてた藁人形を突くこととした。それで犯人がおののき自首することを期待したのだという（西垣晴次ほか『群馬県の歴史』）。

近代に入って明治十三年（一八八〇）二月の『朝野新聞』の記事がある。駿河国（静岡県）志太郡一丁河内村で盗難事件があり、入札が行われたところ、最も票の多かったのは村内で篤実の聞こえある某であった。これでは、なんぼなんでも気の毒だと、ことは沙汰やみになったという。

四　盗犯の法

罪科の軽重

鎌倉幕府や室町幕府の法は、盗人の逮捕については、あまり関心を払っていないように見える。鎌倉幕府の寛喜三年（一二三一）四月の法では、盗品の多少によって罪科の軽重を定めるとし、銭一〇〇文〜二〇〇文の軽罪は一倍（＝二倍）を以て返弁し、三〇〇文以上の重科はその身を召しとるという（追加法二一条）。建長五年（一二五三）十月の法は、三〇〇文以下は一倍を以て返弁し、五〇〇文までは盗品を返して科料二貫文、六〇〇文以上の重科は一身の咎とするが、親類・妻子・所従に累を及ぼしてはならないとしている（追加法二八四条）。

弘長三年（一二六三）四月の神祇官下文（『中世政治社会思想』下）は、当然公家の法を示すものであろうが、財物を盗んだ場合、罪を論ずるには銭に換算する。一〇〇文以下は盗んだ品物を返還することですまし、盗人を断罪することはない。二〇〇文以上は一倍（＝二倍）を以て弁償し、もちろん盗品は返す。一貫文以上は身柄を拘束し資財を没収する。五貫文以上一〇貫文に及び弁償能力を超えたときは、半倍の弁償とするか、あるいは別途考慮する。弁償できないときは、一〇〇文を一日にあてて政所に禁(いまし)め置くとある。

分国法の中で

戦国時代の、いわゆる分国法では、盗犯についてどのように規定していたかを見よう。

例えば『結城(ゆうき)氏法度(しはっと)』では、他人の作毛を刈り取った者は、打ち殺されてもやむをえないと定め、犯人をかばう者も罪におとされた。『長宗我部(ちょうそかべ)氏掟書(しおきてがき)』では、盗人は直ちに搦(から)めとり奉行方へ差し出せ、事犯歴然ならば頸(くび)を斬る、もし捕らえることが難しければ殺害してもかまわないという。伊達氏の『塵芥集(じんかいしゅう)』では、盗人を「わたくし(私)にせいばい(成敗)する事」は禁じられていた。また、通交人が田畠の作物を取ったり、店の商品を盗んだ場合、その身柄を拘束して届け出るべきであるのに、盗人を直ちに打ち殺してしまうのは不届きである。殺してしまっては、理非を糺(ただ)す術(すべ)はないのだから、この場合は殺人と見なすと定めている(七〇条)。

「盗品」の法

盗品(贓物(ぞうもつ))が発見されたとき、その品物はどのように扱われるか。天文二十四年(一五五五)の『相良(さがら)氏法度(しはっと)』では、盗品として知らずに物を買った場合、売主の名を証言できないときは罪科に処されるとしている（一一条）。『大内氏掟書』も「売主をひき付さ（ざ）るに」（売主の名を明らかにできない人）を盗人に准じて罪科に処するといい、盗品が質入れされたときも、置主の名を明示できないと、質に取った者は罪になる（『塵芥集』）。

盗品が市や店屋に並べられているとき、もとの持主（盗まれた者）が所有権を主張して品物を押し取り、争いになる。売主はたいてい盗品とは知らなかったと主張するのだが、『大内氏掟書』では、こうした場合、その所の役人に品物を預け置き、判断すべきだと記している。しかし貧しい者の場合、盗まれた品物が目代（代官）のところに留め置かれると[1]たいへん困窮する、だから盗みの証拠となる品物を一品目のみ代官のもとに留め、他の品物はもとの持主に返すと『今川仮名目録』は記す。

永禄十年（一五六七）の『六角氏式目』は、盗品が第三者の手に渡ったとき、もとの所有者（本主）の権利が明らかである場合、盗品は本主に返還される、すると盗品を買った第三者は、まるまる損失を蒙ることになると述べている。近世初頭の『吉川氏法度』では、右と少し異なる。盗人を捕らえたとき、捕らえた者に盗品の三分の一が与えられ、残りは本主に戻される。もし盗品が第三者に売却されてしまった場合、または質入れされてしまったときは、その代金の二分の一を出せば本主が取り戻せるとしている。

（1）イエズス会宣教師ルイス・フロイスは「われわれの間では見付かった盗品は裁判所によって、その所有主の手に戻される。日本では見付かった、このような盗品は遺失物として裁判所が没収する」と記している（『ヨーロッパ文化と日本文化』）。

手継を引く

鎌倉時代の出挙銭（高利貸付）について、近頃は「無尽銭」といって、質物を置かないと金を貸してくれないので、人びとは衣裳や物具を質に入れる。盗人もまた、贓物（盗品）を売り払うとすぐ露顕するので、ひそかに盗品を質物に入れ銭を借りることがある。ところが、盗まれた者が、質物になっている贓物を見つけ所有権を主張すると、銭主（貸し主、高利貸）は、質入れした人物を知らない、もちろん住所など知らぬといい、事実を明らかにしない。これははなはだ不当であるというので鎌倉幕府は、建長七年（一二五五）八月十二日、質物を預かるとき、入質人の名前と住所を尋ね記録すべきである、もし何か起こったときには、「手次」（手継）を引かなければ、質物を取った者を盗人と見なすとした。

手次（手継）とは手継証文（券文）のことで、土地の権利の移転の際に、売人は買人に対して、その権利の伝来を証明する一件書類を渡す。「手次を引く」とは、前権利者の名を明らかにすることである（『中世法制史料集』第一巻）。前権利者が明らかになれば、その物品が盗品ではなく、正当な手続き（売買・譲渡）を経て取得した者と認められるのである。[1]

（1）　伊達氏の『塵芥集』の四二条は、「ぬすむところのさうもつ（贓物）、けにん（下人）、うし（牛）、むま（馬）等の事、てつき（手継）をひく（引）へし、もし又たこく（他国）の者、な（名）をしらさる人、しにん（死人）なとひき候ハヽ、其身のをつと（越度）たるへきなり」という。

III

十両以上は死罪——近世社会——

江戸時代、市中にはスリが跋扈し、夜ともなれば盗賊が跳梁する。もっとも、資産を持たないその日暮らしの庶民にとっては、盗られる物とてない気安さはあったが、土蔵を構えた商家や、財宝を蓄える大名・旗本などの不安は尽きない。

旅する者にとってはゴマノハエが悩みの種であった。仲間とともにとり囲み、脅迫暴行を加えて金品を奪う、いまふうにいえば集団暴力スリのような連中、また道中で言葉巧みに近づき、すきを狙って金や荷物をまきあげるのだが、こうした胡麻の蝿は東海道から伊勢路に多かった。『旅行用心集』とか『道中記』という旅行案内書には、相客の中に薬をすすめる者などいたら注意せよと記し、さらには、「泊り泊りにて刀脇差は、自分の寝る床の下に入れおくべし、鎗長刀等も床の奥へおくべし」と、まるで戦場に在る武士の心得の如く記されていた。

一　初期の盗賊たち

『醒睡笑』から

十七世紀前半に書かれた安楽庵策伝の著『醒睡笑』（角川文庫）は、文字どおり〝笑い話〟を集めたもので、そのまま史実とはなしがたいが、当時の世相を物語るものとして貴重である。

ある家に盗人が入った。「盗人はどちらの方から来たどんな奴らか」「きっと内から手引きする者があったにちがいない」など人びとがとり沙汰していると、こざかしい男が、「この盗人がなぜ入ったか私は知っている」という。「盗人は何者か、ぜひ教えてくれ」と家人がいうと、男は小声でささやくように「この盗みは、物欲しさに入ったのだ」といった。人びとは、全く〝しらけて〟しまった。

京の都の一条辺で、中間が夜ぐっすり寝ている間に、やすやすと長刀を盗まれてしまった。目がさめて驚き、主人を呼んでいうことに「盗人が横行しているようですから、刀を盗られないよう、ご注意下さい」というと、主人は「お前こそ自分の長刀を盗られないよう注意せよ」といわれる。すると男は「そのことですよ、じつは、その長刀を早や盗られてしまって、仰天してこう申しているのです」といった。

都で盗人にあったというので、興ざめ顔で近くの者が集まって話をしているところへ、沼の藤六（野間藤六―織田信忠の家臣―）がやってきて、「何を盗られたか」と問う。「鍋がなくなっている」というと、藤六は「盗んだ奴を知っている」という。「これは、きっと公家かたの御内(みうち)の者の仕業にちがいない」「昔から、鍋取公家というではないか」と。〝鍋取公家〟というのは下級の公家を嘲(あざけ)る語である。老人のかぶる冠のひも（おいかけ）の形が、鍋を火から下すときに使うなべとりに似ているので、貧乏公家、また一般の公家をののしる語となったのである。

盗人たちが物を盗り、人気のない所に集まって盗品を分配した。すると、「いままであった〝身のくび〟が見えないぞ、どうしたんだ」という。中の一人が曰く、「ふしぎなことだ。この中に物を盗みそうな者はいないのに」と。

都の立売(たちうり)のところへ、悪い奴がやってきて、巻物などを見たあげくに、「これといった物はない」といったので、女主人が倉の方に品物をとりに行く。悪党はその間に巻物を一巻盗んで挟箱(はさみばこ)に入れた。女主人が倉から別の巻物をとり出してきたが、悪党は「銀一枚でどうか」という。「それでは安すぎる」と売らない。その間に巻物の数をかぞえると、数が足りない。悪党が一、二町も行ったところへ人を走らせ、「さっきの巻物をまけてあげますから戻って下さい」というと、悪党は店に帰ってきた。女主人は「巻物はそこにある！　にくき奴め！」といい、挟箱をあけて盗まれた巻物を取り戻した。

都で、具足(ぐそく)（甲冑のこと）を質に入れた者が、うけ出そうとしてみると、ねずみが糸を食っている。受主は「利足(息)を少しはまけろ」というが質屋はいっこうに、うけつけない。そのうえ、ねずみを一匹殺して「このねずみが蔵にいて具足をくった犯人だ、だから仕置きをしたらいい」という。受人はくやしく思い、何とかしてくれと所司代に訴えた。多賀豊後守は、「まぎれもなく、ねずみは盗人である。盗人をかくまっていた家だから、これを闕所にせよ」と命じ、家財を悉く取り、質入れした人びとに財物を返した。

石川五右衛門

盗賊といえば石川五右衛門といわれるほど、その名は高い。五右衛門は文録二年（一五五九）〈一説には文録四年〉京都三条橋南の河原で釜煎りの刑に処された。山科言経の日記（『言経卿記』）によると、盗人・すり一〇人と子供一人は釜で煮られ、同類一九人は、はりつけにかけられたという。見物のため「貴賤群集」したと書かれている。釜煎りは五右衛門の専売のようにいわれるが、実際には戦国末期に、織田氏・武田氏をはじめ讃岐の仙石氏、会津の蒲生氏などでも釜煎りの刑が行われていたという。

五右衛門は三、四〇人の手下を持っていて、伏見城下に立派な屋敷を構えていた。手下に槍・長刀・弓・鉄砲をかつがせて街道を往来し、夜は京や伏見で盗みを働いた。とにかく、並の泥棒ではない（三浦浄心『慶長見聞集』）。戦国以来の在地土豪、小領主、あるいは蜂須賀小六の如き野盗・野伏の頭領というべきものだったと思われる。ところが、伝えられる五右衛門の所業は窃盗の類いで、大盗賊にはふさわしくない。

秀吉の伏見城には、毎月朔日と十五日に諸大名が寄り合うことになっていた。五右衛門は、その折に紛れ込んで、諸大名の刀を鉛刀とすりかえた。ところが、浅野幸長がこれに気づき、殿中に上るとき、大刀を従者に渡し、小刀のみで参上したという。五右衛門が捕らえられたときの話しも、木村常陸介の依頼で秀吉暗殺を企て、秀吉の寝所に忍んで行ったとき、仙石権兵衛が宿直しており、その足をふんで捕らえられたとか、千鳥の香炉を盗んだところ、その香炉が鳴いたので捕らえられたということになっている（『絵本太閤記』）。これでは、まったくコソドロである。

捕らえられた石川五右衛門が獄舎から引き出され、三条河原に連れて行かれる途中、見物が群をなしたという。その中から突然、二十五、六の若者が走り出て、五右衛門を引っ立てて行く縄取りの男を一刀のもとに斬り捨て、「いかに五右衛門殿、日頃の芳情に報ゆる寸志は御覧の通りである」と叫んで見物人の中を駆け抜け、いずこかに姿を消した（『翁草』）。この若者は田中兵助といい、もと加藤清正の臣であったが、目の明かぬ主人だと罵って熊本を去り、のちに池田輝政に三千石で召し抱えられた人物である。兵助は若い頃、強盗の張本伴間の土兵衛の小姓だったという（三田村鳶魚『江戸の白波』）。

神に祀られた盗賊

いまはすでに姿を消してしまったが、江戸の三味線堀（現、東京都台東区）に架かった甚内橋と称する橋があった。甚内とは、向（幸）崎甚内のことである。甚内は甲州武田の臣高坂弾正の子だとの説もあるが、下総の向崎に拠を据えた風摩の頭で、千人も二千人もの輩下を持っていたという。風摩とはスッパ、ラッパで野伏・盗賊の類で関東に多かったという、忍びである。しかし、かれらについては確たる史料が少なく、多分に伝説的である。(1)

江戸時代のはじめ、世情不安で盗賊団が横行したが、幕府はその取締りに手をやいた。幕府は懸賞金を出して盗賊狩りをしたが、盗人仲間でも訴人に出れば褒美を与え、その科をゆるし大判七〇枚を下さるという高札も出た。甚内も幕府の泥棒狩りの手引きをしたと伝えられる。

慶長十八年（一六一三）甚内は鳥越刑場に引かれていった。刑場といえば小塚原というのが常識であるが、江戸初期には鳥越に処刑場があった。甚内が橋を渡るとき「自分は瘧（マラリア性の熱病）を患っていたので不覚にも捕らえられてしまった、この病気さえなければこんなことにはならなかった、われ亡きあと、この病気に悩む者があったなら、祈願次第にきっとなおしてやろう」と誓った。甚内は〝神様〟として祀られ、縁日は毎月十二日、例祭は八月十二日、かれがはりつけになった命日である（三田村鳶魚『江戸の白波』、石川悌二『東京の橋』）

（1）甚内は十一歳で孤児となり、宮本武蔵に拾われて武芸を身につけたが、身もちが悪く、遊興費に窮して辻斬りをする有様であった。相模国平塚に居を構えて、東海道を往来する旅人を襲ったという（矢田挿雲『江戸から東京へ』）。

盗賊追放令

寛永十四年（一六三七）十月、幕府は関東八か国と伊豆・甲斐・信濃の代官・地頭に命じて、村々から盗賊・悪党を追放させた。しかし警察力が伴わず効果はあがらなかった。そこで明暦二年（一六五六）十二月「盗賊人穿鑿条々」という御触を出し、農村から盗賊を排除しようとした。全文九か条であるが、要旨は、不審者を発見したら密告すること、また捕らえて地頭・代官に引き渡すこと、他所者を宿泊させないことなどを命じた。しかし盗人が集団であれば村人たちに捕縛できるはずもなく、その報復を恐れて見逃したのである。

「日本左衛門」こと浜島庄兵衛

盗賊浜島庄兵衛は、尾張の足軽友右衛門の子で、幼名を友五郎といった。父友右衛門は尾張の七里役所の人夫であった。七里とは、尾張・紀伊・福井・姫路・松江などの大名が手紙の逓送のために置いたもので尾張・紀伊のそれがとくに有名であった。東海道では、六郷川・程ケ谷・藤沢・大磯・小田原・箱根・三島・元吉原・由比(井)・小吉田・岡部・金谷・掛川・見附・篠原・二川・法蔵寺・池鯉附と一八か所あった。四里から七里ごとに役所が設けられ、尾張藩では江戸―名古屋間を最速で五〇時間ていどで運んだ。各役所に御状箱持送り人夫が二、三人いた。そのいでたちの派手なこと、この上なかった。鼠木綿の地へ、龍虎・梅竹などを加賀染にした半纏、それに黒の天鵞絨の半襟をかけた。腰に一刀、赤房の十手をさすというものであった。お七里は身分的には中間で、俸禄も五石二人扶持にすぎなかったが、手当金が加給され、暮らしむきは悪くなかったという。

庄兵衛も遠江金谷（現島田市）の役所につとめ、隣りの岡部または掛川の役所との間を往来していた。頗る男前で、とても足軽の子と見えず、人品いやしからぬ美少年であった。かれは、それでいい気になり、女・酒・バクチに溺れた。ついには父に追い出され勘当となり無宿者になった。二十歳頃のことと思われる。

遠州豊田郡貴本（貴平？）村は、天龍川の西、旗本領と代官所支配地の境目で、浪人者・無頼漢が集まるようになった。庄兵衛はここに流れ込み、二本差して威勢を見せた。庄兵衛は手下をたくわえ、二〇余人の泥棒集団をつくった。そして近郷・近在の金持・物持を襲って金品を奪う。困った天龍川以西百八か村は、小前百姓まで総動員して庄兵衛らを追いたてた。庄兵衛らは天龍川を東に渡り、池田と見附の間の上新居村に住み、一両年は静かにしていたが、やがて見附のお七里中村順助が庄兵衛一味と結びつき、総勢二〇〇人という大盗賊団を形成した。かれらは、美濃・尾張・三河・遠江・駿河・伊豆・相模・甲斐の八か国を荒らしまわるようになった。

かれらの拠点は天領（代官支配地）・旗本領・大名領の入組みになっていたところで、警察力が手うすだったから、白昼大手を振って往来したという。それに加えて、頃は享保改革の最末期で、延享二年（一七四五）九月に八代将軍吉宗が引退して九代家重にかわり、吉宗を支えていた松平乗邑が失脚し、政治的空白が生じていたことも、庄兵衛らの活動を容易にした理由のひとつであろうと、竹内誠氏は述べている（『元禄人間模様』）。

延享三年（一七四六）九月、被害を受ける現地の人々の訴えは江戸北町奉行を通じて老中に達し、老中から火付盗賊改に庄兵衛召捕りの下知があり、十九日、見附宿横町（よこまち）で庚申待の夜通し博奕をしていた最中にふみ込み一一人を捕らえたが、庄兵衛は逃走した。直ちに人相書(1)が作られ全国手配になった。

十右衛門事
浜島庄兵衛

一、せい五尺八寸程
　小袖くしらさし（鯨尺）ニて三尺九寸
一、歳二拾九歳、見かけ三拾壱弐歳ニ相見え候
一、月額（さかやき）濃ク引疵（ひききず）壱寸五分程
一、色白ク歯並（はならび）常之通
一、鼻筋通り
一、目中細（まなこほそし）
一、貌（かお）おも長（なが）なる方
一、ゑり（襟）右之方（かた）之常ニかたき（よごれ落としのブラシ）罷有（まかりあり）候

一、ひん(鬢)中ひん
　中少しそり、元結(もとゆい)十ヲ(緒)程まき
一、逃去候節(にげさりそうろうせつ)着用之品
　こはく(琥珀)ひんろうし(檳榔子)綿入小袖
　　但、紋所丸の内ニ橘
　下単物(したひとえもの)
　もへき(萌黄)色紬(つむぎ)　紋所同断
　同
　白(しろ)郡内ぢはん(襦袢)
一、脇差長弐尺五寸
　鍔(つば)無地ふくりん(覆輪)金福人模様
　さめ(鮫)しんちう(真鍮)筋金有
　小柄(こづか)なゝこ(魚子)生物(なまもの)色々
　かうかい(笄)赤銅(しゃくどう)無地
　切羽(せっぱ)はゝき(鎺)金(がね)
　さや(鞘)黒小尻(こじり)ニ少し銀はり

一、はなかミ袋も（鼻紙）へきらしや（萌黄羅紗）
　　但、内金入
一、印籠（いんろう）
　　但、鳥のまき絵（蒔）
　右之者、悪党仲ケ間ニては異名日本左衛門と申候、其身ハ曽て（かつ）左様ニ名乗（なのり）不レ申由
右三通之者於有レ之ハ、其所ニ留置、御料（天領）ハ御代官、私領は領主、地頭之申出、それより江戸、京、大坂向寄（むきより）之奉行所之可ニ申達一候、尤見及聞及候ハヽ、其段可ニ申出一候、若隠し置、後日脇より相知候ハヽ、可レ為ニ曲事一候
　　十　月
右之趣、可レ被ニ相触一候

　延享四年（一七四七）正月七日、京都の町奉行永井丹波守の玄関先に、麻上下（かみしも）に大小を帯した庄兵衛が出頭してきた。自首である。翌年正月二十八日江戸に送られ、町奉行能勢肥後守かかりで吟味をうけた。三月十一日、江戸市中引廻しのうえ、伝馬町牢内で打ち首となった。首は見附に送られ獄門にかけられた。この件は、のちに芝居に仕組まれ、「日本駄右衛門」の名で喧伝された(2)（『御触書宝暦集成』、三田村鳶魚『泥坊の話　お医者様の話』）。

（1）江戸城西の丸表坊主白井宗務の娘を殺害した中間（ちゅうげん）庄助なる者の人相書を例示する。延享四年（一七四七）

八月付で、『御触書宝暦集成』（三十一）に収める。

一、歳廿二三歳、歳来（としごろ）相応に相見え候
一、生国美濃国大野郡仁坂村之者
一、せい、中より少小男成方ニて中肉
一、面体おとかひ（頤）少細く、鼻高、鼻筋通り、少赤ら顔ニて大体きれい成生レ付
一、唇厚き方
一、原鬢之方ニて巻ひんに髪結、あたま小ふり之方ニ候
一、眼中すゝ（涼）敷（しく）
一、眉毛黒細方
　但、眉毛之間に古キ打疵（うちきず）之跡少し有
一、歯並揃（そろい）白く細か成方
一、耳常体
一、衣類木綿白地に浅黄大形に染候単物（ひとえもの）着し、帯之様子ハ不二相知一候、右単物いてうの葉の様成大形に、
　間に小紋も交り有レ之様
一、脇差長サ壱尺「七」（二）寸程、柄糸（つかいと）紺、鞘（さや）黒塗たゝき（叩）、鍔（つば）銭丸すかし（透）縁頭赤銅金から（唐）草有レ之候、鮫黒塗
　下緒（さげお）空色、目貫（めぬき）ハ不二相知一候　（下略）

（2）歌舞伎「弁天小僧」の日本駄右衛門の有名な台詞（せりふ）はつぎの如くである。

「問われて名乗るもおこがましいが、産まれは遠州浜松在、十四の年から親に放れ、身の生業も白浪の沖を越えたる夜働き、盗みはすれど非道はせず、人に情けを掛川から金谷をかけて宿々で、義賊と噂高札に回る配付の盥越し、危ねえその身の境涯も最早四十に人間の定めは僅か五十年、六十余州に隠れのねえ賊徒の首領日本駄右衛門」「駿遠三から美濃尾張、江州きって子供にまでその名を知られた義賊の張本、天に替わって窮民を救うというもおこがましいが、ちっと違った盗人で小前の者の家へは入らず、千と二千有り金のあるを見込んで盗み取り、箱を砕いて包みから難儀な者に施す故、少しは天の恵みもあるが、探偵がまわってこれまでと覚悟を信濃の大難も、遁れて越路出羽奥州、積もる悪事も筑紫潟、凡そ日本六十余州盗みに入らぬ国もなく、誰言うとなく日本の肩名に呼ばるゝ頭株」

日本駄右衛門を筆頭として、五人男は、弁天小僧菊之助、忠信利平、赤星十三郎、南郷力丸と続く。『翁草』の著者神沢与兵衛は大津宿で庄兵衛を見ているが、人相書どおりの人柄の剛健な大男だと記し、戦国の世に生まれていれば、大名にもなれただろうと評している。

二 十両盗めば死罪

合計十両以上は死罪

文政十年（一八二七）のことである。江戸小石川無宿駒吉は数々の盗みなどで捕らえられた。所々の湯屋に入り混雑にまぎれて盗み、寺の庫裏の入口の戸があいているのを幸いと入り込み、あるいは柳原土手通りの小道具店から刀・脇差・小道具の入った箱その他衣類・帯・袈裟衣などを盗み取り、または上野山下の立場や山内の縁日の人混みの中で、参詣の女の差しているベッコウの櫛、町人ていの者の懐中を狙い、腰にさげたタバコ入れ、銀ぎせるをスリ盗った。盗んだ品は売り払い、または質入れして金に換えた。戸締りのないところに忍び込み盗んだのではあるが、盗品を金銭に見積ると十両以上になるので死罪とされた。

十両以上は死罪というのは八代将軍吉宗のときに定められたもので、『御定書百箇条』には、「手元にこれ有る品をふと盗み取り候類、金子は十両より以上、雑物は代金に積り十両位より以上は死罪、金子は十両より以下、雑物は代金に積り十両位より以下は、入墨敲」とある。十両以上というのは一度に十両以上盗んだという意味であったが、のち明和七年（一七七〇）には、数度の盗みを合計して十両以上と改められた（石井良助『新編江戸時代漫筆　上』）。

駿府梅屋町の長兵衛は、文政七年（一八二四）申の歳に、江戸元大工町次兵衛方に奉公していたとき、土蔵にあった脇差・櫛・簪類を盗み取って逃げた。のち駿府の梅屋町に、吉兵衛後家とせの店を借り受けていた。とせが留守のとき盗みに入り、衣類などを取った。江戸の分と合わせて二六品目に及び、詐って質入れまたは売却し、代金九両三分二朱・銭一貫二〇〇文を得た。取得した金額を手許に残っていた雑物を換算した金額を合計して十両以上ということで死罪になった（『御仕置例類聚』）。

文政十二年（一八二九）奥州無宿忠吉は、仲間としめし合わせ、太物（木綿）屋に行き、品えらびをするふりをして、次つぎと品物を出させ、混雑にまぎれて反物・裁地・帯地・手拭地・衣類などを盗んだ。盗み取った品は代金に積り十両以上となり、死罪と決した（同上）。

錠前を破れば死罪

越後無宿豊吉は、町家の前の木戸、または水溜桶（天水桶）を足がかりにして家の庇へあがり、そこから二階へ忍び込んだ。あるいはまた引窓、勝手の中窓から侵入して、衣類・帯・腹掛・股引・たばこ入れ・きせるおよび銭を盗んだ。締まりのない窓から入るのは、定法により、入墨のうえ重敲であるが、数か所に入っていること、また屋根破風口から勝手におりて盗んだのは土蔵破りと同様と見なされ、天保三年（一八三二）死罪となった。

一般的に、カギのかかっている戸をこじあけて盗みに入れば死罪であり、盗品を金に換算して十両以上になれば死罪を免れなかった。(1) では、塀や垣を破って入ったものの、何も盗まずおわった者の処置はどうか。

門などの錠前をねじ切り、あるいはこじあけて入ったときは「御定無レ之候得共、不レ軽仕方に付」これは蔵に忍び入ったものに准じ「死罪ニ可ニ相成」は勿論」であるが、「塀垣を乗越、破跨這入、又は出入相成候程の損有之所より這入候類ハ」「戸明」に准じ、原則的には入墨・重敲に処される。しかし、あらかじめ「死罪」か「入墨重敲」か決めておくことなく、ケース・バイ・ケースで判断すべきであるというのが天明五年（一七八五）の定めであった（『御仕置例類聚』）。

(1) 天保五年（一八三四）桜木町の五人組持店の亀吉は、所々の軒下に置いてある車や、竿にかけてある衣類・羽織あるいは見世先に取り出してある板を盗んだ。盗品の売却代金の合計は十両以下であったので、亀吉は入墨・敲となり町役人に引き渡された。

追剝と追落

幕府は元文五年（一七四〇）の極によると、追剝は獄門、追落は死罪と定められている。追剝は衣類を剝ぎ取るもの、追落とは路上で追いかけたり突き倒したりして、あいてが取り落とした財布などを奪うものである。獄門の場合は斬られた首を鈴ケ森か小塚原の刑場で三日間、晒しにする。死罪の場合は俵に詰めて埋められる扱いとなる。ただ、実際には、追剥と追落の違いがはっきりせず、奉行も判断に迷うことがあった。

荒かせぎ―鬼坊主清吉―

鬼坊主は、歌舞伎の「小袖曽我薊色縫」に仕立てられて著名である。かれは盗みで入墨・敲に処され、江戸払いになったが立ち去らず、百姓家六か所に、戸締めをこじあけて入り、衣類・金銭を盗み取った。また、往来で、突然あいての胸をつよく突き、あいてが驚いているうちに懐中物や笄・簪などを奪うもので、こういう盗犯を「荒稼ぎ」と称する。女性の場合だと、襟先に手をやると、女は身をかがめる、すると、女の頭が盗人の目の前にくる、そこで笄・簪を引き抜くのである。いわゆる「搔っぱらい」で「昼鳶」などという。

また、数人の仲間が集まり、喧嘩をよそおい、通行人をまき込み、どさくさに紛れて物を盗る。スリ（掏摸）の一種、集団スリである。スリはつかまると江戸払いになるが、三度やると盗賊に準じ、たいてい死罪になる。享和元年（一八〇一）七月十六日付の「御目付の達し」（『御触書天保集成』）は、

「巾着切の体、途中の盗み致し候わるもの申し合わせ、往来の人へ突き当たり、喧嘩など仕掛け、羽織あるいは懐中の品、又は女の櫛・笄など奪い取り候類い、あらかせぎと唱え候者ども、近頃徘徊いた

す由相い聞こえ候」

と記している。元来は寂(さび)しい場所で行うものであったが、お寺の御開帳など人出の多いところで、白昼、とくに女性を狙った。天明年間（一七八一—八八）から横行したという。

鬼坊主清吉は京都に逃れたが、大仏堂前で召捕られたとも、伊勢の津の街道ぞいのお堂の縁の下で腹痛で苦しんでいたところを捕らえられたともいい、江戸に送られた。清吉捕縛のうわさは直ちに江戸に届いており、江戸庶民は清吉護送の日を心待ちにしていたという。鬼坊主清吉はスターであった。文化二年（一八〇五）六月二十七日、清吉は小塚原で獄門にかけられた。三十歳であった。同時に、左官粂(さかんくめ)（粂次郎・二十四歳）、無宿三吉（入墨吉五郎・二十八歳）も引廻しのうえ獄門となった。三人はいずれも無宿入墨の前科者であった。かれらの「辞世の歌」なるものが伝わっている。

清吉　武蔵野に名ははびこりし鬼あざみ時の暑さにかくはしほるゝ

粂　商売も悪も左官の粂なれば小手ははなれめ今日の旅立

吉　常張の鏡にうつる紙幟今のうはさも天下一面

大泥棒・坊主清之助

清之助は、善蔵ほか二人と組み、あるいは独りで盗みを働いた。在方、町方、武家屋敷など三五か所（このうち二八か所は戸閉りがしてあった）に侵入し、九二三両三分二朱・銭七貫文その他衣類など一七九九品をとった。金額にして都合一一二〇両余であった。清之助は、御家人花岡清太夫の養子だとふれ廻り、帯刀して歩いていたという。文政九年（一八二六）引廻しのうえ獄門と決まったが、処刑以前に病死した（『御仕置例類聚』）。

障害者の物を盗めば死罪

江戸の芝田町四丁目の音次郎店（たな）に住む新兵衛の悴（せがれ）友次郎は、知り合いの盲人佐賀次を訪ねた。そこで、佐賀次の女房が湯に出かけたあと、出来心で（不斗（ふと）悪心出）竿にかけてあった衣類を盗（と）り、質入れし、代金は酒食に費やした。「此の儀、御定書に、片輪もの所持の品を盗み取り候もの死罪とこれあり」ということで、死罪となった。

しかし再吟味あって、入墨重敲（たたき）と変更された（友次郎は吟味中に病死した）。すなわち、前例によると〝居ざり〟の物を奪い死罪となった者がある。これは、被害者が歩行できないことを計算に入れて盗（と）ったのであり、非道である。しかし、友次郎の場合は、計画的な盗みではなく、たまさか女房が湯に行って、盲人の佐賀次ひとりになったので、出来心で盗んだこと、また金額も小さく、また前科もない。友次郎の場合は、たとえば、夜中に目をさまし、ふと出来心で隣に寝ている者の品物を盗った前例にあてはめ、入墨重敲とするのが適当であるということになったのである（『御仕置例類聚』）。

知能犯無宿清蔵

天保八年（一八三七）のことである。江戸小網町の道ばたで、鉄炮町の葛籠屋三之助の従業員吉三郎が、革文庫や仏壇前机などの入った明荷を置いて休んでいた。そこへやってきた無宿人清蔵が、「どこへ持って行くのか」と尋ねると、二丁目の利八の家だという。清蔵は、自分は利八方で働いている者だといつわり、請取状に判を捺したように見せかけ、葛籠をだまし取った。

清蔵は知人の神田紺屋町の岩吉の家に行き、隣の家の者に、岩吉に頼まれて葛籠を持ってきたというと、隣家の者は預かっていたカギを貸してくれた。清蔵は家の中に入り、衣類・帯・合羽・じゅばん・ふとん・風呂敷・股引・胴着・守袋・服紗・ぱっち裁地・毛氈・三味線バチ・ベッコウの櫛・髪差・鏡・懸物・脇差・紙入れ・たばこ入れ・きせる・金子などの入った小袖櫃を盗み、入口の戸は元のようにカギをかけ、隣家の者にカギを返し、ゆうゆうと立ち去った。清蔵は、岩吉が旅商いに出かけるところを道で出会い、留守であることを知っていたのである。清蔵は死罪になった（『御仕置例類聚』）。

土蔵破り辰五郎

無宿者辰五郎は土蔵破り専門の盗っ人であった。仲間を誘ったり、あるいは「壱人立」（＝ひとり働き）で、ノミやノコギリを用意して、百姓屋の敷居下、または土蔵の土台下を掘り潜入した。壁を落とし、尺八竹を切り、あるいは戸をこじあけて入り、衣類・帯・夜具・かや・脇差などを盗み取った。品物を質入れしたり売り払って金にかえ、仲間に分配したり、また自分でつかい捨てた。文化二年（一八〇五）辰五郎は、引き廻しのうえ死罪となった（『御仕置例類聚』）。

なお、土蔵に侵入する方法にもいくつかあった。天保八年（一八三七）長崎会所に入った貞助は、石を足台にし、五番蔵の窓の引戸に取りつけてあった腰板雨覆を足場にして引戸を開け、石で筋鉄を打ち放ち引き抜き蔵に入ったという。天保十年、同じく長崎で土蔵に盗みに入った無宿竹次郎は、瓦の上に竹筒をのせ、炭を入れ、紙で火縄様のものをこしらえ、表の潜り戸に吹きつけて焼き切り、そこから手を入れてかけがねをはずした。同年、下野の日光で盗みに入った無宿粂吉の場合は、入口の落猿（戸締りのため、戸の下の框に差し込む木）で締めてあったのを火を吹きつけて焼き抜いた。また天保九年、信濃御園村で盗みをした無宿松五郎は、土蔵脇にあったはしごを窓にたてかけ、鉄の網を破って、そこから竹（鍵竹）をさし入れ衣類などを釣りあげたという（同上）。

入墨者平蔵

平蔵は入墨者であった。かれは常州上郷村の寄場から逃走し、百姓家の戸をこじあけ、衣類や合羽を盗んで質入れした。捕らえられたが、縄付のまま逃亡し、町屋・武家屋敷・百姓家の塀をのりこえ、戸をこじあけ、計六か所に盗みに入った。盗んだ衣類・反物・帯・合羽・かや（蚊帳）その他雑物は質入れ売り払った。

そのうえ、富五郎なる者の女房いくに対して「不義申掛」け、いうことをきかなければ親・夫まで殺すぞとおどし、妹または女房だと偽って所々をつれ廻し、助右衛門方に逗留（とうりゅう）しているうちに、いく度を犯した。

文化四年（一八〇七）、下総無宿平蔵は引き廻しのうえ死罪となった（『御仕置例類聚』）。

三　盗み・殺人・放火

盗みは死罪

深川相川町吉兵衛店の三次郎方居候八五郎は、御船蔵の戸をこじあけて侵入し、銅薬缶・大工道具・雑物などを盗み、つないでおいた船に積み、また河岸に泊めてあった高瀬舟から挺鉄を盗み取って売り払った。代金は残らず飲み食いにつかったという。寛政四年（一七九一）六月、八五郎は町中引廻しのうえ獄門となった（『刑例抜萃』）。

武蔵国足立郡の新義真言宗東正寺の弟子坊主海善は、身持ちが悪く、寺から逃亡し、仲間を語らい、庫裡の戸をあけて東正寺に侵入した。寝ていた住職の密仙が目をさまし声をあげたので、庫裡にあった鍬で打ち殺した。反物や金子は仲間に分け、また質入れした。出家の身分ながら「不届至極」と、引廻しのうえ磔となった（同上）。

深川永代寺門前の東仲町家主久右衛門は、新左衛門方の入口の戸の建寄せてあったのをあけて、五度までも侵入し、衣類・ふとん・股引や銭を盗み、見咎められたときは、捨てて逃げたりした。盗品は売り払いまたは質入れし、金をつかい捨てた。そのうえ町内で放火をし、その紛れに盗みを働いたという。文化四年（一八〇七）四月、久右衛門は死罪となった（同上）。

木挽町無宿安五郎は他の三人を語らい、町屋の戸をこじあけ、また河岸につないであった生船から鰈を盗んだ。生船は長さ三尺五寸、幅一尺五寸、深さ七寸ほどの船形の箱で、この中には生きた魚を入れておくのである。安五郎は浅草の観音堂でさい銭も盗み、文政五年（一八二二）死罪となった（『続類』）。

長崎銅座跡の伊之助らは、俵物役所の日雇として働いたが、煎海鼠・干鮑などを盗み、土蔵窓下、水門脇などに隠しておき、あとでこれを取出して無宿伝蔵に預け、まとめて旅船の者に六七両余で売却し五人で山分けした。伊之助は文政九年（一八二六）、引廻しのうえ死罪となった（『御仕置例類聚』）。

懲りない男（一）

下野鴨居村無宿源蔵はすでに罪を犯して入墨・敲に処された身であったが盗みはやまず、百姓の家の戸の開いているところに入り、また仲間とともに戸閉りしてあるところを押し外し、あるいは建寄せてある戸を開けて入り、衣類・帯・股引・脇差・銭その他雑物を盗み取った。そのうえ往来の旅人に衣類を貸せと申しかけ、拒否すると打擲し、衣類・帯を剥ぎ取った。品物を質入れした金もあわせて使い果たした。文化三年（一八〇六）二月、かれは獄門に決した（『刑例抜萃』）。

懲りない男 (二)

粕壁宿無宿太七は、以前中追放に処されていたが、御構場所から立ち去らず、粕壁宿の八町目村・新町などの町家や百姓家の戸をこじ開け、押外し、また壁を破って手を入れ掛鉄を外し、あるいは格子の桟を引放ち、建寄せてある戸を開けて忍び込み、銭箱の錠を捻じ切り、衣類・帯・反物・風呂敷・脇差・銀銭・雑物などを盗み、一部は売払った。盗みを見咎められるとこれに手疵を負わせた。太七は文化三年（一八〇六）六月、引廻しのうえ獄門と決した（『刑例抜萃』）。

無宿人永蔵

以前、入墨・重敲に処されたが悪事やまず、所々の町屋・百姓家に戸をこじ開け、掛鉄を焼き抜き、刃を持って押入り、家人を縛りあげて、声をたてたら殺すぞとおどし、衣類・帯・袴・反物・切地・刀・脇差・金銀銭・風呂敷・雑物を奪い取り、道路で医師に突き当たり脇差を取った。重々不届きということで、永蔵は文化三年（一八〇六）十一月、「引廻之上磔」と決した（『刑例抜萃』）。

無宿人富五郎

浅草無宿久太郎こと富五郎は中追放または重追放になるべきところ、牢屋敷類焼のとき、一度牢から放たれたが無事に立帰った。中追放の処罪を受けたが、悪事はやまず、仲間としめし合わせ、木挽町辺の橋の上で泥酔していた兵蔵を河岸につれて行き、同人の羽織・帯を奪い取った。文化五年（一八〇八）十二月、死罪・獄門と決した（『刑例抜萃』）。

堂々たる強盗団

無宿人真刀（まと）徳次郎は、奥州や常陸（ひたち）・上総（かずさ）・上野（こうずけ）・下野（しもつけ）・武蔵（むさし）などの関東筋、その他近国在々村々数百か所へ忍び込み、または強盗を働いた。道中筋では、帯刀し、野袴を着て、従者または渡り盗賊を若党に仕立てて召しつれ、荷物には「御用」と書いた札をたて、また御用提灯（ちょうちん）を持たせ、寺・修験（しゅげん）宅・百姓家・質蔵・町屋の戸をこじあけ、押し開け、あるいは火縄で錠前を焼き切り、脇差を抜いて押し込み、家人をしばりあげ、声を立てる者は斬り殺し、金銭・衣類・反物・帯・脇差その他の品物を奪う。これを、手下（てした）に命じて市場や古着屋で売らせ、または質入れし、金をみなに配分し、遊興に費やしたという。寛政二年（一七八九）捕らえられた徳次郎は町中引廻しのうえ、武州大宮宿で獄門にかけられた（『刑例抜萃』）。

寺に放火

文化五年（一八〇八）上州無宿勝蔵は、長久寺の庫裏（くり）に入り、住持が居間で寝ているすきに忍び込み、金を奪って立ち去ろうとした。ところが住持が目をさまし声をかけ、うしろから抱き締めた。勝蔵は住持を突き放し、倒して踏み殺し、ローソクの失火で焼け死んだように偽装して放火した。本堂・庫裏は全焼した。捕らえられた勝蔵は、「重々不届至極ニ付、町中引廻之上火罪」に処された（『刑例抜萃』）。

無宿人音吉

音吉は東円寺の信諦の許に小者として奉公していたときに衣類・金子を盗み暇を出された。のち、かれは勝手知ったる東円寺の生垣（いけがき）を破り、戸じまりを外して入り、金子・衣類・脇差を盗み、金子は酒食・博奕に使い果たした。またもとの主人信諦を襲って疵を負わせた。「重々不届至極」ということで文化五年（一八〇八）四月、「引廻之上磔」と決した（『刑例抜萃』）。

鋸挽の刑に

武州児玉郡中新里村無宿の勝之丞は江戸に出てきたが、所持金をつかい果たし、判を詐（いつわ）り年季奉公に住み込んだ。そのうち、主家の刀を盗んで売り払ったり、給金立替えで工面（くめん）するからと借金をし、主人兼次郎が返済を迫ると棒でうち殺し、死骸を川へ捨て、証文や金銭・脇差などを奪い取り、脇差を質入れして金をうけ取った。事は露見して捕らえられ、一日引廻し二日晒（さら）し、鋸挽（のこびき）のうえ磔（はりつけ）と決まった。寛政二年（一七八九）十二月のことであった（『刑例抜萃』）。

鋸挽の刑は主殺しに対するもので、囚人をその場所に埋め、首枷（かせ）をし、竹鋸を置いて、往来の者に首を挽く真似をさせたのである。初期には実際に首を挽いたらしいが、慶安年間（一六四八―五一）に、襟に少し疵をつけ、その血をとって鋸につけて晒すようにし、その後十七世紀末に襟に疵をつけることもやめ、鋸を置くだけにした。寛保二年（一七四二）の「御定書」では、享保六年（一七二一）の例によって、

前々より之例
一　鋸挽
享保六年極
一日引廻、両の肩に刀目を入れ、竹鋸に血を附け、側に立て置き、二日晒し、挽き申すべしと申すものこれあるときは、挽かせ申すべき事
但し、田畑、家屋敷、家財共闕所

と定められた（石井良助『新編江戸時代漫筆　上』）。

無宿人幸助

小冨村無宿幸助は、奉公先の主人長七の女房に仮想し不義を申しかけて拒否され、恥をかかされたと意恨に思い殺害を思い立った。かれは脇差を持って、主人の留守のとき締め切った戸を押し外して入り、泊り合わせていた円海と主人の女房、悴大次郎・娘はんを殺害し、金銀・鉄炮その他を盗み取り、露顕を恐れて火をつけた。金銀は残らず酒食・遊興に費やし、さらに旅人を殺害して衣類を剝ぎ取り所持品を奪った。文化五年（一八〇八）十二月、「二日晒、一日引廻し鋸引之上磔」と決した（『刑例抜萃』）。

敲の罪

江戸神田豊嶋町のとむらい軍次は、往来で度々懐中の鼻紙袋を抜き取り、また小盗と知り乍らその者を家に泊めたりしたということで、寛政元年（一七八九）七月、敲のうえ所払いとなった。

芝森元町の彦右衛門は、武家屋敷に中間奉公をしていたが「不斗出来心」で座敷縁先にあった唐銅の手水鉢のふたを盗み売り払い、代金は酒食に使い果たし、寛政九年（一七九七）二月に敲に処された（『刑例抜萃』）。

四　出来心

小盗—でき心—

史料を読んでいると、もちろん悪逆非道の犯罪も多いが、一方、ふとした出来心、気の迷いによる小犯罪も多い。盗みにしても、社会全体の生活水準が低いから、盗品にはたいしたものはない。現在の私どもから見ると、「何で、こんなものを」という物が多い。もっとも一般の町人・百姓は家財道具といえるほどの物を持っておらず、じつにつましい暮らし向きだったのであるから、盗品もそれ相応に貧しかったといってよいであろう。

三田無宿亀五郎は、江戸払いになったにもかかわらず江戸に立ち戻り、町家の縁先にあった衣類や帯を盗んだ（寛政九年〈一七九七〉）。霊岸島（れいがんじま）無宿清次は、屋根づたいに二階へ忍び込み、または戸締りのないところから町家に侵入し、カヤ（蚊帳）・傘を盗った（享和元年〈一八〇一〉）。深川松村町平八店（だな）千蔵方の居候（いそうろう）亀次郎は、井戸端の桶の中の小魚を盗んで入墨・重敲に処された（文化二年〈一八〇五〉）。駿河無宿新助は、銭湯の帰りに手近かにあった看板を盗み入墨のうえ敲（たたき）となった（文化三年〈一八〇六〉）。飯倉五丁目庄兵衛店の定右衛門方居候弥助は、小者奉公をしていたが、主人の居間や女部屋に入り衣類・帯・茶碗などを取った（同上年）。無宿人弥八は武家の中間奉公をしていたが、奉公先で囲ってあった炭を少し宛盗み（文化四年）、大塚村無宿久次郎は植木屋の裏を通りかかると植木屋に戸締りがなく、幸いと入り込み棚にあった鉢植の木を盗み（文化六年）、権八は名主の家の玄関脇にあった半天（纏）を盗んだ（享和元年〈一八〇一〉）。芝無宿安五郎は知人の家に行き、表入口の縁先にあった衣類、風呂敷に包んだ羽織、庖丁を盗み売り払った（文化五年）。

これらの犯罪に対しては、ほとんど、いずれも入墨・敲か敲または入墨の刑に処された。入墨は、いったん敲になった上で軽い盗みなどの場合、敲は軽い盗み、湯屋での衣類着替、盗品と知りながら預かるなどの場合である（『刑例抜萃』）。

盗人を追い逃がすこと

明暦元年（一六五五）六月の御触書（『御触書寛保集成』）はつぎのように述べている。

「きんちゃく切り、または小盗人あるとき、これを捕らえても、盗られた物を取り返すと、盗人を追放してしまうということであるが、今後は、盗人を捕らえたら必ず番所に連行するようにせよ」

なぜ犯人を捕らえてつき出さないのか。ひとつには、「彼是手間取候を相考」え、すなわち、その件について役所に呼び出されたり、書類を提出したり手間と費用がかかること、これが第一である。そして第二には、盗人を訴えると、盗人当人はもちろん、その同類たちから恨まれ報復を受けるのではないかという恐れからである。

急度召し捕り差し出せ、用捨せしめば越度たるべしといっても、なかなか行われなかったことは、重ね重ね法令が頒たれていることからうかがわれる（『御触書寛保集成』）。

寛文元年（一六六一）三月の御触書は、「郷境つまり（詰）〳〵に番屋を作り、番之者を差置、不審成者夜中相通候は丶、改可レ申事」と記し、村境など要所要所に番屋を置いて不審者を改めよという。また「何方にても夜盗入候節、声を立へ（べ）し、於レ然ハ早速出合とらへ（捕）可レ申候」といい、盗人が入ったら大声で喚ばわり人を集め盗賊を捕らえよと命じている（同上）。

板の間かせぎ

銭湯の脱衣場で衣服や金銭を盗むのを板の間かせぎという。「御定書百箇条」では、「湯屋へ参り衣類着替候もの」は敲と定められている。他人の衣類を盗んで、これを古着屋に売却するのである。しかし、湯屋は放火されるなどの後難を恐れて、町奉行所に届けなかったという（丹野顕『江戸の盗賊』）。板の間かせぎは多発したから、上方では脱衣棚に扉をつけ鍵をつけるなどしたところもあり、別途料金を払えば貸切戸棚が使えるようにしたものもあった。番台からの監視だけでは不十分で板の間に番人を置く場合もあった。

古鉄盗み

橋の高欄（こうらん）や武家屋敷の鉄物（かなもの）を外して盗んだ者は百敲（ひゃくたたき）となる。江戸時代には鉄や銅などの金属は貴重品で高値で売買された。そこで寺社や武家屋敷また橋の高欄などを剥し取る犯罪が多発した。ただし、江戸城や大坂城、駿府城で金属を剥ぎ取ると敲ではすまず、場所柄を心得ぬ者として死罪となった。

小鳥を盗む

享和三年（一八〇三）武州多摩郡雑色（ぞうしき）村の百姓代次郎の倅（せがれ）清次郎は、武家の仲間（ちゅうげん）奉公をしていたが、傍輩（ほうばい）の七助に脅（おど）されて、主人が飼っている小鳥を盗んだ。戸じまりのない「庭籠（にわこ）」（＝鳥小屋？）に入り鳥をとったのである。重敲（たたき）に処すべきかとの伺いに対し、判決は「三十日手鎖（てぐさり）」であった（『刑例抜萃』）。

植木を盗む

文化六年（一八〇九）大塚村無宿久次郎は、植木屋の裏の戸じまりのない植木室に入り、棚にあった鉢植の木を盗んで売り払った。久次郎は入墨のうえ重敲に処された（『刑例抜萃』）。

材木を盗む

文化五年（一八〇八）無宿人佐吉は、河岸の材木置場前の川で、筏（いかだ）に組んだ松・杉・檜・丸太・樽木（たるき）などを度々盗み取り、これを売り払ったり質に入れたりして金を手にし、遣い捨てた。不届につき、入墨のうえ敲と決した。

文化七年（一八一〇）横山町の無宿長吉と清八・千太郎らは共謀し、清八が河岸の矢来閉まりのあるところをあけて、木小屋に収納してあった檜・樽木を盗み取り、これを矢来の外で待ちうける二人に渡した。盗品を売り払い代金は配分した。刑は入墨のうえ重敲（『刑例抜萃』）。

船から盗む

天保八年（一八三七）金田村の無宿人萬蔵は、大川橋際に繋留してあった小舟を盗んで勝手に漕ぎ出し、品川沖の廻船に漕ぎ寄せた。船のはしごを昇り、鰹節などを盗み取り、小舟に積んで河岸に荷あげした。かれは入墨のうえ重敲に処された。

文化五年（一八〇八）深川大島町半七店の治郎吉は、河岸に泊めてあった船の船乗り（船頭）吉五郎と共謀し、積荷の大豆を抜きとり、売り払った。船は小網町一丁目横丁の幸右衛門店の吉兵衛のもので、吉五郎はそこの雇人であった。事は露見し、治郎吉は入墨・敲、吉五郎も同罪であった（『刑例抜萃』）。

火事場から盗む

寛政十年（一七九七）麴町十一丁目彦兵衛店の熊次は、武家屋敷が火事で焼けたとき、灰かき人足に雇われた。かれはそこで、銀製の器の蓋を一つふところに入れて持ち帰った。これを売り払い、代金はすべて飲み食いに費やした。事が露顕し、敲の刑に処された。

文化二年（一八〇五）横山町三丁目与左衛門店の喜兵衛方の居候長吉は、近くに火事があり、焼あとの往来に持ち出してあった櫃を盗み出した。中には鍋・薬缶・銅盥・釜・茶釜が入っていた。これを売り払おうとしたが露見し捕らえられ、吟味のうえ、敲に処された。

文化四年（一八〇七）神田上白壁町次郎兵衛店弐番組人宿平兵衛の寄子源蔵は、芝辺の町家の火事で、往来に持ち出してあった茶碗の入った籠を、ふと出来心で盗んだという。判決は敲であった。同じ年、信濃無宿初五郎は、近くの火事に類焼にあい、国許（故郷）に帰ろうとするが路用（旅費）がない。そこで、焼あとに立ちまわり、往来に持ち出してあった他人の夜着・鍋・釜・薬缶・台石などを盗み取り、売り払い路用にあてた。初五郎は自訴（自分で出頭し罪を認める）したのであるが、罪は敲であった（『刑例抜萃』）。

文政十一年（一八二八）、江戸堺町から出火したとき、深川海辺大工町の藤吉店の長次郎は、知人方へ火事見舞いに行った。帰りみち小網町一丁目堀江六軒町の往来に持ち出した道具類が積んであったのを、混雑にまぎれて盗んだ。荷物の上にあった下駄鼻緒・爪掛・火鉢・薬罐・茶釜の輪、または水茶屋の店先や井戸端などにあった小桶・釣瓶・下駄などを盗んで一部は売り払ってつかってしまった。裁判の結果は、「盗之趣意、軽キ方ト相心得罷在」として判決は「敲」であった（『天保類聚』）。

文政十二年（一八二九）、神田佐久間町一丁目から出火したとき、霊岸島辺の橋際に、焼け落ちた荷物の灰を掻いたところ、焼けた小判五両と南鐐銀八斤がひとかたまりになったのが出てきた。小判は両替し衣類などを買ったが、発覚し「敲」に処された（同上）。

火事場泥棒については『世事見聞録』（武陽隠士、一八一六年）は「当時、出火の節など、町家の下郎どもみな盗賊となり、取り除くる衣類・諸道具を、我がちに盗み取るなり、依って常に火災ある事を待ち、また風烈の節など火を付くるなり」と証言している。

よき衣類ほしさに

岡山城下富田町の中島氏蔵の娘ていは、天保十三年（一八四二）十五歳のとき働きに出た。弘化三年（一八四六）まであしかけ五年、奉公や日雇いに出た先で、手当たり次第に盗みを働いた。記録されたものだけでじつに四〇件に近い。鏡ひとつとか、古雪駄一足、小倉帯一筋、かんざし一本というように、文字どおり手当たり次第である。貧しさもさることながら、「兼々能き衣類ほしく存居申候所より」と釈明している。ていは追放刑に処された（妻鹿淳子『犯科帳のなかの女たち』）。

場所柄もわきまえず

文政元年（一八一八）正月十九日、京都の御所の簾の出し入れに従った簾師谷口越後の手代佐七は、ふと出来心で内玄関廊下にあった古い簾五枚を盗んだ。しかし、直ちに後悔し元の所へ返そうと立ち戻ったところを発見され、捕らえられた。「御場所柄ニて盗いたし候ものハ手元之盗ニても死罪の先例ニ有レ之」ということで、その処断が問題となった。ふつう、こうした場合死罪となるが、佐七の場合は、後悔して返そうとしたのであるから、いかがと議論になったのである。しかし結局、場所柄もわきまえず、「御取締ニも相響キ候儀ニ付」死罪と決まった。

文政三年、京都南禅寺門前の久右衛門の元下人で当時無宿庄八は、南禅寺の銅樋二本を盗み、また金地院の塀を乗りこえて二度も忍び込み、銅竪樋二本を盗み、うち一本を一両一分二朱、銭五貫九〇〇文で売却した。「御場所柄を恐れざる仕方、重々不届き至極につき」洛中引き廻しのうえ獄門となった（『続類聚』）。

朝鮮人参を盗む

無宿者の坊主了弁は、小林村の伝左衛門の朝鮮人参畑に侵入し、人参四四〇根を掘り盗った。また同村の清左衛門の人参畑にも入り三〇〇余根を盗んだ。文化十三年（一八一六）、かれは重敲のうえ入墨と決まった。侵入のとき、木戸には縄がかかっていたが、これを解いて入った。その仕方は錠前をこじあけて侵入するのとは違い、罪は軽いのである。

野州塩谷（しおや）郡田所村の百姓与惣右衛門の倅（せがれ）政蔵は、片俣村の茂左衛門と相談し、風見山田村の甚平が作っている朝鮮人参畑の柴垣を押し分け侵入し一五〇根余りを盗みとり、その他三か所で計七〇〇根余の人参を盗った。しかし、これは金額に見積ると十両以下であるということ、および侵入の仕方が錠をこじあけるのとも違うということで、入墨・重敲ですんだ（『続類聚』）。盗んだ人参は当然、薬種問屋か医師に売却するものであったろうが、そのルートは明らかではない。

夫の母は盗人

麻布善福寺門前東町家主三次郎の妻とめは、夫の母ふゆが度々反物を持参して売り払うので、当然これは盗品であろうと気付いたはずである。さらに、呉服屋の召仕いから頼まれ、安い値段で買い取り利益を得ている由を聞いて、これは怪しいと心づくべきであったが、母親のことでもあり、そのままにしておいた。母は以前からの貯金だなどというので、金を貰っておることでもあり、とくと糺明もしなかったという。文化二年（一八〇五）、とめは不届につき所払に処された（『刑例抜萃』）。

コソ泥

天明七年（一七八七）、大飢饉のあと、庄内の酒田湊では盗難事件が多発した。鶴岡藩の足軽小柳久治は留守の隣家に忍び入り、夜着一枚・蒲団一枚を盗み質に入れた。事は発覚し、久治は盗んだ品物を返して、それは内々に済んだ。ところが、久治の叔父横山嘉兵衛は足軽目付であり、身内の久治の盗みが表沙汰になることを恐れた。そこで、嘉兵衛は眼病を理由に御役御免を願い出で、久治には肺病ということで隠居させ、弟にあとを継がせた。久治の盗みの件は足軽目付の『御用帳』には記載されたが、世間の噂とはならず、内々で収めてしまったのである。「こうした一連の動きを見ると、警察機構のやりかたは何百年たってもそう変っていないのだと、あらためて実感する」と高橋義夫氏は感想を記している（『足軽目付犯科帳』）。

庄内酒田で天明七年（一七八七）七月に捕らえられた権兵衛なる者は、四年前に盗みを働いて追放となり、仙台、秋田をめぐり酒田に舞い戻り、江戸へ行く路銀をかせごうと上袋小路の髪結(かみゆい)の家に入り、櫛一枚・古剃刀(かみそり)一丁・砥石(といし)一つ・米一升五合を盗み、三日後の夜には指物屋(さしものや)に忍び込み細工道具一式を盗み、翌日は川端に舫(もや)ってあった川船の櫂(かい)と竿(さお)を盗んだ。権兵衛もコソ泥であった。かれは再び追放に処されたが、数日後に鶴ヶ岡にいるところを顔見知りに発見され、八月十日の深夜には同心に見付けられた。権兵衛は逃走したが、あとに脇差一腰・衣類二点・仏具・撚(よ)り針道具・八卦(はっけ)本・一向宗の和讃箱入などの盗品が残されていた（同上）。

大岡越前守の木綿さばき

むかしの「尋常小学読本」巻八第十一課は「大岡さばき」の著名な話である。

呉服屋の手代が商用の途中、とある石地蔵の前に風呂敷包みをおろして休み、つい寝てしまった。眼をさますと荷物がない。手代は盗難の届けを奉行所に出した。奉行の大岡越前守は石地蔵が怪しいといって荒縄で縛りあげた。人々は縛られた地蔵のあとについて奉行所に入っていった。奉行は突然門を閉じて、人々に乱入の罪を言い渡し、償（つぐない）として名札をつけた木綿一反を持参せよと命じた。集まった木綿の中から贓品を見つけ犯人をつきとめた。

勿論これはつくり話であり、板倉勝重・同重宗父子の裁判例を集めた『板倉政要』が出典であろうとされている。話は次第にふくらんで、盗んだ男は牢に入れられ、裁判の結果三〇貫文の過料に処され、その三〇貫文は地蔵の維持に当たる所の衆に下されたという。「僅か四五十反の木綿の為めに『五百人ばかり』の人々が飛んでもない迷惑を蒙ったことが、大岡の犯人を捕へ得た功を没するに充分である。」と瀧川政次郎氏は評している（『裁判史話』）。

五　盗品の売買・質入れ

宝暦十一年（一七六一）五月の法（『御触書天明集成』）によると、盗品と知らず出所も糺さずに質入れした場合、質屋に不注意がなければ、質物の数や金額にかかわらず、質入れ人と証人が弁償してきたが、質物が少ないときは質入れ人には過料、証人には弁償させる、ただ質物が多いときは今までどおり質入れ人・証人とも弁償するようにというのである。

明和九年（一七七二）には、質入れ物の出所も糺さず預かり、「身分不相応之もの」を預かったり、預かり方に過ちがあれば過料をとり、質物の出所も糺明せず預かった場合には「急度叱り」とするとした。安永元年（一七七二）十二月には、質入れ物の出所も糺さずに質入れした者と証人につき、これが武家の家来のときは、自ら質入れした場合、また頼まれて質入れした者でも、いずれも「江戸払」としてきたが、今後は「帯刀も致候程之者」は江戸払いとし、中間は武家奉公をとどめ暇（いとま）を出すとした（『御触書天明集成』）。

盗品とは知らずとも

浅草福井町一丁目の三左衛門と松五郎の二人は、久五郎が盗み取った品物を質に入れるについて証人に立った。もちろん二人は盗品とは知らなかったのであるが、火盗改では、品物を見ることもなく出所を糾すこともなく、また質入れのとき同道すべきところ、その儀もなく印形を貸したのは不埒であるということで寛政十一年（一七九九）九月、過料三貫文に処された（『刑例抜萃』）。

神田大和町代地の医師多宮方の居候金次郎は、永浜平吉より頼まれ、盗品とは知らずとも、品物の出所も糾さず質入れの世話をし、謝礼の金まで貰うとは不埒であると、貰った銀銭を取上げられ、さらに過料三貫文を課された（同上）。

盗品の買取り

上野国新田郡太田町の古着屋の見世支配人太七は、身元・住所も知らぬ者から出所も糾さずに、証人も取らず買い入れたことは不埒であるとし「急度叱り」とされた。主人は留守であった。しかし主人として帳面を改めるなどの儀を怠ったとして、寛政九年（一七九七）九月、盗品で得た利益は取りあげられた（『刑例抜萃』）。

本郷元町吉兵衛店の七郎兵衛は、由兵衛から米を買い取ったが、これは盗品であった。たとい盗品とは知らずとも不審に思うべきであるのに確かめもせず、享和元年（一八〇一）六月、過料三貫文に処された

（同上）。

神田富山町一丁目の古着屋庄兵衛は、同業の藤兵衛から格安で衣類や帯を買った。しかも庄兵衛は帳面に記載せず判も取らずに買い、これを転売した。これは盗品で、盗人が捕らえられると藤兵衛は逃亡した、これで盗品と気づくべきところ、藤兵衛の逃亡によって事は露顕しないだろうと推量し、残りの盗品も買い取り売却した。文化四年（一八〇七）十二月、「不届ニ付、敲之上江戸払」となった（同上）。

文政十一年（一八二八）、肥前国大道村西浦の庄五郎は船頭を打ち殺し、積荷を奪い取り、これを同国八代塩屋町の船問屋友助に売った。障子一二枚、藁草履九八〇足で、代金は三一貫八七六文であった。問屋友助は、盗品とは知らなかったとはいえ、事情を糺明せず買い取ったことにつき「急度叱り」を蒙り、盗まれた元の持主に弁償することになった。

また天保二年（一八三一）常陸国河内郡瀧ヶ崎村の百姓で穀物商いをしていた清左衛門は、知りあいの勝右衛門（下総無宿の入墨者）から米二俵を買い、また利助も数度にわたり都合四七俵を買い取った。しかし、これは盗品であった。盗品とは知らずとも「得（とく）と出所も不相糺（あいただざず）、右躰（みぎてい）之米買取（かいとり）、売払（うりはらい）候段、一同不（ふ）埒（らち）ニ付、買取売払候米代を以て売徳とも取上」げとなった。

天保五年（一八三四）には伊勢国度会（わたらい）郡山田常明寺門前町の長左衛門は、大三郎から頼まれて衣類などを質入れした。証人は源兵衛であった。これが盗品とは知らなかったが、とくと出所も糺さずに質入れしたのは落度であった。過料三貫文のうえ、質代銀三三匁は、長左衛門と証人源兵衛の二人が質屋に弁償することになった（『類聚』）。

古物屋の犯罪

房州長狭(ながさ)郡横渚(よこなぎ)村の百姓で、古鉄買いを営んでいた伝八は、なつなる女の仲介で、盗品と知りながら茶釜を買い取った。その折、盗賊の孫左衛門と顔見知りになり、その頼みで盗品の売却と質入れをした。孫左衛門と仲間の千蔵の持参する品を、その都度質入れ、または売却し、代金の一部を貰っていた。この行為は「馴合(なれあい)盗いたし候も同様之始末不届」とて、入墨のうえ重敲に処された。寛政十二年（一七九九）のことである。

四谷仲町の古着屋文次は、享和二年（一八〇二）利得に目がくらみ、盗品であることを知りながら、弥兵衛・市右衛門から品物を買い取った。しかもこの際、売主と証人の判が必要であるのに、「無判」で買い取り、売り払い、また店売りをし、また一部は手許に持っていた。不届につき、売払い代金と手持ちの品を没収のうえ「所払(ところばらい)」に処された。

小石川大塚龍門寺前の六右衛門店に住む新七は、古着・古鉄・古道具を扱う商人であった。文化三年（一八〇六）かれは無宿の入墨者清蔵が、衣類その他の品物を持ち込んでくるのを安い値段で買い入れ利得をえていた。ときに、売払い先で盗品と露見したときは品物を買い戻し、もとの持主に返して内分（聞）にして貰ったりしていた。清蔵が盗人であると知りながら、宿賃も取らずに止宿させたりしている。これにより、両人は共謀していると見なされる。新七は重敲のうえ重追放に処された（『刑例抜萃』）。

盗品の運び屋

甲州無宿源右衛門は、備前無宿惣吉に頼まれ、その供(とも)をして呉服屋へ行き、惣吉が盗みとった裁地(きれじ)を持ち運んだ。惣吉は盗品を売却し、うちから日々二〇〇文ずつ計三貫文ばかりを源右衛門に与えた。運び屋源右衛門は、寛政九年（一七九六）入墨のうえ敲に処された。同じ年の例であるが、下野無宿善右衛門は、盗品と知りながら品物を持ち運び、そのうえ質入れをし、その代金のうち一両三分を貰っていた。善右衛門は敲のうえ軽追放に処された（『刑例抜萃』）。

ほうかぶりの忠の一党

寛政十二年（一八〇〇）神田無宿ほうかぶりの忠こと忠次ら一党七人が死罪になった。忠次のほか、亀五郎・喜三郎・万吉・吉五郎・金次・藤五郎の一党で、かれらは一同つれ立って徘徊(はいかい)し、悪事を重ねていたのだが、ある日、浅草並木町の両替屋で、旅人躰(てい)の者が多額の銭をうけ取ったのを見て、これを奪い取ろうと企て、その男のあとをつけ、本所押上土手(おしあげどて)にさしかかったところで、人気(ひとけ)のないのを幸い、みなでとり囲み、首にかけていた金の入った袋を強奪した。男が「ドロボー」と声をたてたので、土手から突き落とした。金子(きんす)は全部で二〇両三分の大金であった。

仲間の一人、入墨者の浅草無宿藤五郎は、中追放の身でありながら、お構い場所から立ち去らず、浅草蔵前の通りで、町人が肩にかけていた羽織を奪い、また仲間とともに町家の戸をこじあけ、あるいは錠をねじ切って侵入し、衣類や銭を盗み取った。また、往来で町人に突き当たり、喧嘩をしかけ、衣類・金品を奪った。

一党のうち亀五郎は、盗品を南本所横網町の忠兵衛店に住む次郎吉に預けた。次郎吉はそれが盗品であることを知っていたのだが、預かっていた。しかし、いつまでたっても亀五郎が取りに来ないので、これを売り払い、代金は使ってしまった。その後、亀五郎が品物を取りにくると、あれは質入れしたとうそをいい、また亀五郎を家に泊めたりした。次郎吉は「重追放」に処された。

忠次ら一党は、盗品を神田旅籠（はたご）町一丁目次郎兵衛店の紙屑買喜七に売った。喜七は、それが盗品とは知らなかったが、それを然るべく売り捌（さば）き、また残った品物を家に置いていた。そこへ、名前も顔も住所も知らぬ三人の男がやってきた。そのうちの一人は鉄五郎と名乗ったが、お前の処で買った品は盗品だといい、おどしをかけた。驚いた喜七はそれらの品物を取り出す。件の三人は都合一二点を持ち去った。その後鉄五郎がやってきて、先日のことは酒狂のうえでやったこと、品物は返すからと詫言（わびごと）を述べた。そもそもこの鉄五郎は重追放お構いの身であったが、二度めに鉄五郎がやってきたとき、喜七としてはかれを捕らえて訴え出るべきであった、しかるにそのようにせず、売り捌きの斡旋（あっせん）をしている、このこと不埒（ふらち）につき、売先への弁償と、過料五貫文に処するということになった（『刑例抜萃』）。

六　「小僧」と呼ばれる盗人たち

義賊伝説

義賊の黄金時代は十八世紀後半から二十世紀前半で、この時期に世界各地に義賊と呼ばれる人物・集団が輩出したという。義賊とは社会的正義の体現者であり、悪を正し、富める者から奪い、貧しい者に与え、そしてむやみに人を殺さない。民衆にとっての英雄なのであった（南塚信吾『義賊伝説』、野内良三「盗みの美学」『盗みの文化誌』）。シャーウッドの森のロビン・フッドの物語は誰でも知っているが、わが国ではなんといっても鼠小僧次郎吉（一七九五―一八三二）であろう。

肥前平戸藩主松浦静山（まつらせいざん）（一七六〇―一八四一）が著した『甲子夜話（かっしやわ）』には、ある人の話としてつぎのような意味のことが見える。

「近頃、江戸に盗賊あり、貴族の邸宅、大名の屋敷に侵入しては盗みを働いている。しかし、かれは人を傷つけることなく、金銀のみ取り、他の品物には手も触れない。どこから、どのようにして侵入するのか、人はかれを鼠小僧と呼ぶ。」

鼠小僧が捕らえられて処刑される日、大勢の見物人の中を、裸馬に乗せられて引き廻されたかれの風采は、緘（縮）青梅の着物、白い襦袢、八端の帯で、薄化粧をしていた。かれは偏平な丸顔で肉づきがよく、色白で、うすあばたがあり、目が小さく、眉がうすく、ざっと見たところ、悪党風には見えず柔和な職人ていであったという。

鼠小僧の伝説化は幕末以降進み、河竹黙阿弥は『鼠小紋春君新形』を書いた。

「盗みはすれど、この幸蔵、非義非道の働きせず、人に難儀はかけまいと、利合の細き町人の家へは入ったことはねえ、百や二百の端金、盗まれたとて障りにならぬ大小名のお納戸金、盗んだとても、その金をおのが私欲に使やあしねえ、難儀な人を助ける金。」

鼠小僧のイメージは、大名や金持ちから金を盗み、これを貧乏人に与える義賊として形づくられていく。明治九年（一八七六）市川団升は狂言当たりのお礼に回向院境内に次郎大夫墳墓なるものを建て、永代供養料一〇円を納めた。これより鼠小僧の人気はいっそうあがった（矢田挿雲『江戸から東京へ』）。芥川龍之介は短編『鼠小僧』（『中央公論』大正九年）を書き、丘陽之助は「鼠小僧の社会思想」（『解放』大正十二年）で、「無産階級の側に立って、不当の富と贅沢とを有する当時のブルジョワ階級の敵」と持ちあげた。大佛次郎も「鼠小僧次郎吉」（『講談倶楽部』昭和六年）で、「泥棒だって、あなた、あの男は別ですよ、狙うのは大名屋敷やお旗本ばかりだし、それで盗った金は貧乏人に恵んでいるんだって話ですからねえ」と語らせる。

鼠小僧の正体

次郎吉は、江戸堺町中村座の木戸番定七の長男として、寛政七年（一七九五）大坂町で生まれた。幼少から建具屋星十兵衛のところに弟子入りし、文化九年（一八一二）十六歳のとき実家に帰り、建具職として一人前の働きをしていた。文政八年（一八二五）に捕らえられたとき、すでに盗みを働いていたのであるが、それについては口を閉じ、賭博だけ白状し重罪を免れたのである。かれは住所を次つぎと変え、また女房を四度もかえている。

天保三年（一八三二）五月八日、浜町の上野小幡藩主松平宮内少輔の上屋敷に忍び込み捕らえられたが、門前で北町奉行所同心に捕縛されたこととされた。松平家の人びとは、これが有名な鼠小僧だとは思わなかったという。至って愚かな男に見え「鼠小僧らしく」なかったというのである。白状によると、侵入した所は、大名・旗本屋敷一五〇か所、その中には御三卿（田安・清水・一橋）、御三家（尾張・紀伊・水戸）も含まれていた。窃取した金は一万二千両前後という。かれは消防夫だから、高い所や屋根を歩くのには慣れていた。屋根から天井裏に降りてくるので、鼠小僧と呼ばれたのだという。

北町奉行榊原主計頭の申し渡しによると、文政六年以来、一二〇回、金三千一二一両二分九貫二六〇文、銀四匁三分、銭七〇〇文。[1] 金銭以外は盗らなかった。折角盗みに入っても当たり外れがあった。鼠小僧はもっぱら奥向と長局に忍び込んだが、一両未満のこともあった。一度に手に入れた最高額は四九一両で、文政七年（一八二四）八月の美濃大垣藩の戸田采女正の屋敷に侵入したときであった。平均すると一回に八両ていどという（丹野顕『江戸の盗賊』）。天保三年八月十九日処刑。三十七歳（一説に三十六歳）であった。義賊伝説は、大名・旗本屋敷専門に入ったところから生じた虚構にすぎない（『御仕置例類聚』、三田村鳶魚『泥坊の話　お医者様の話』）。

鼠小僧は盗んだ金の多くを博奕に費やしたらしい。江戸市内の賭場はもちろん、在々所々の博奕場に出張って金をつかい果たしたらしい。母親は未だ存命であり、姉と妹もいたが、身内の者には全く金を渡した形跡はない。妻や妾にも去り状を渡して縁を切り、罪科の累が及ばないようにしていたという。仲間も子分もいない独り働きの盗賊であった。矢田挿雲は、盗んだ金は「衣食住の贅沢につかい、その他は酒色遊興、または博奕のもとにつかい、際立って貧民にほどこした形跡はない」と厳しく糺弾している（『江戸から東京へ』）。ただし、氏家幹人は、鼠小僧と同時代に多くの「仁盗」のいたことを紹介している。仁盗とは「心優しき盗賊たち」のことで、流血を好まず、また「物を取れば必ず人に与う」る盗人のことである（『殿様と鼠小僧』）。

（1）　鼠小僧次郎吉の盗んだ金は三千両をこえる大金であるが、どこでいくらと、かなり細かく調べがついているように見える。調べには吟味方与力三人と同心七人が担当して三か月を費やした。訊問に対して白状したのであるが、自白しない場合は拷問にかけられた。現在では拷問は禁止されているが、江戸時代には公然と行われた。状況証拠から犯罪が明らかであっても自白は不可欠だったのである（丹野顕『江戸の盗賊』）。

小僧

江戸時代の盗賊には「……小僧」と呼ばれるものが多い。「小僧」とは「道辻にて巾着を切る小僧盗といへるもの」（『世事見聞録』）とあるように、巾着切り、スリのことである。いまでもそうであるが、スリは現行犯でないと逮捕できない。江戸時代、スリは『御定書百箇条』のいう「途中にて小盗いたし候もの」として敲に処された。捕まると手に黥をして敲き放逐されるが、三度やると盗犯に準じて処刑される。「当時の法に、巾着切などは、手に黥し、黥三に満つれば死罪に処し玉ふ」（帆足万里）というのである。したがって、巾着切りでなが生きした者は稀であるという。

スリは敏捷で器用な者でなければつとまらない。盗賊たるもの、一般にそうした資質が求められる。「一日に三十里（約一一七キロメートル）歩けないと泥棒になれない」といわれた（三田村鳶魚『泥棒の話お医者様の話』）。

田舎小僧新助

田舎小僧と呼ばれたこの男、武州足立郡新井戸方村の百姓市右衛門の息子である。明和元年（一七六四）十五歳のとき江戸に出て、神田明神下同朋町の紺屋佐右衛門方へ年季奉公に住み込んだ。安永二年（一七七三）に年季があけ、下谷坂本二丁目の又兵衛家で奉公したが、同五年の暮れ十二月六日、三分二朱の金を盗り逐電した。同十日、金杉村で泥棒をしようとして村人につかまり、入牢し、入墨、たたき放ちとなった。

故郷に帰り、紺屋の手間取りなどをしていたが、身持ちが悪く、天明元年（一七八一）勘当になった。江戸と上州を往ったり来たりしていたが、結局江戸に舞い戻り、天明四年三月から五年八月まで、二四か所に二七度も泥棒を働いた。このうち大名屋敷は一四か所で、この中には田安・清水・一橋の御三卿も入っていた。

新助は武家奉公をしたことはないが、大名屋敷は入りやすかった。しかし、天明四年師走、岡山藩邸に忍び込み、奥深く入りすぎ、危く捕らえられそうになったこともあった。翌天明五年八月十六日、一橋邸に入ろうとして捕らえられ、十月二十二日小塚原で獄門になった。

盗品を売り払った金高は三九両一分二朱二五〇文で、意外に少ない。贓品は、上州桐生（きりゅう）在の某と、武州大宮の古鉄買（ふるかねかい）さぶに売った。天明四年九月に小倉小笠原家の邸から盗んだ印籠（いんろう）は、先祖が豊臣秀吉から拝領した由緒あるものだったので大騒ぎになった。しかし、新助はその価値を知らず、九両三分ほどで故買人に売っている（『御仕置例類聚』、三田村鳶魚『泥坊の話　お医者様の話』）。

稲葉小僧

天明五年（一七八五）、稲葉小僧がお縄（なわ）になった。二十一歳であった。かれも、また名は新助といった。

一説に、かれは山城淀の城主稲葉丹後守正諶（まさのぶ）（一〇万二〇〇〇石）の家臣の子というが、あてにはならない。「稲葉」は「因幡」で、因幡国（現鳥取県）生まれの盗賊というのが本当のところだろうという。幼少より手くせが悪く、勘当されて夜盗になったという。

鼠小僧などと同じく、大名屋敷などばかり荒らし、とくに刀や脇差を盗んだ。谷中の辺りで捕らえられ、奉行所へ引ったてられていく途中、池の端辺に来たとき、便意を催したというので茶店の便所に入り、縄抜けして逃走、不忍池に潜り行方をくらました。上州まで逃れたが、結局その地で病気のため死没したということである。

稲葉小僧については、本多利明の『経世秘策』に詳しい記述がある。捕らえられた稲葉小僧の「白状の始末を伝え聞くに」と始まるが、それによると、

「江戸中二百六十余侯、其外高貴の屋形迄も忍び入、皆寝所に有合ふ金銀の諸道具、腰物の類のみを盗取、衣類は決して盗取らず、顕れ安き故也」

という。いったい、諸大名の屋敷の居間や寝所には戸締まりがなく、家臣が守護しているだけである、しかも番士らは、自分の守るべき場所については忠実に守るが、他人の持場についてはいっさい関与せず、口出ししないのが武士の風儀であるから、夜更に忍び込むのはたやすいことであると、稲葉小僧は述べたという。

子鼠市之助の弁

濃州無宿市之助は、弘化四年（一八四七）九月二十一日獄門になった。三十七歳であった。これは、一五年前の天保三年（一八三二）に処刑された鼠小僧次郎吉と同年齢であった。子鼠もまた大名屋敷のみを狙った盗賊であったが、かれが役人に語ったところは、まことに興味ふかい。「なぜ大名屋敷ばかり狙ったのか」という問いに対する市之助の弁である。

武士は禄高の大小によらず、恃む主君があり、領土・領民を持っており、たとい家財を悉く盗まれたとしても、飢えに迫られることはない。商家はいまある資財のみが頼りであって、いったん盗難・火災にあえば頼るべきものもなく、家族は路頭に彳み、他人の憐み施しを受けることになる。盗賊とてそのような貧苦を見るには忍びない。

いったい武家屋敷というのは、外は大門・高塀をいかめしくめぐらし、内には杉戸・錠口のしまりもきびしく、武器の備えも十分で、見ためには入り難いようであるが、あまりにその規則どおりの故に、表の男子は容易には奥には入れず、奥の女子はみだりに表に出ることかなわず、したがって事あるときは、万事手筈が悪く、臨機応変の措置がとれない。一方、盗賊の方は、六尺や九尺の塀であっても、ひと足かければ軽々と跳び越える技術を持っている。だから盗みに入るときは、あらかじめ戸口戸口の締まりを固くして置き、家の者が直ぐには外に出られないようにし、安心して盗み取ることができるのである。さてまた、商人は資財を命より重んずるから、武器など持たねど、白刃をも恐れず、やにわに賊に組みつき財産を守ろうと必死になる。ところが武家は、少しでも怪我などあれば家の恥ともなるので、その場に立ち合わず、賊が逃げ去った頃合いをはかり、刀など携えて走り出で、かっこうをつけるのである。家来たちも、身を惜しみ、たとい血気にはやる若侍がいても、賊の如く自由に塀や垣根を跳び越えることのできる者は稀である。それ提灯だ、手燭だと時を移し、ようやく戸締りを解いた頃には、賊はゆるゆると外に出て逃走するのである。――「我はゆるゆると外面に出、内の騒ぐ様子を聞、をかしき事も多かりき」と語るのである（三田村鳶魚『泥坊の話　お医者様の話』）。まことに理にかなった申し様である。稲葉小僧も同様なことを語っていたが、これは武士のサラリーマン化、武家社会の官僚制化を物語って興味ふかい。

IV　犯罪の近代化

江戸時代末期、いわゆる幕末の社会は、江戸幕府の力が衰え、社会秩序が動揺したから当然犯罪も多発したに相違ない。警察力が低下すれば盗賊が跳梁するという道理である。話は少しそれるが、幕末にヤクザの親分としてよく知られた人物が輩出したのは、いわれのないことではない。警察力の真空地帯にかれらの活躍の場があったのである。とくに機業地や港町のように金と人の集まる場所がヤクザ集団の舞台になった。国定忠治の上州（群馬県）、笹川繁蔵と飯岡助五郎が争った利根川筋の河岸（千葉県）、清水次郎長の清水港（静岡県）、吉良の仁吉の三河吉良港（愛知県）、その仁吉が戦ったあいて阿濃徳次郎は津（三重県）の港を拠点とした親分であった。かれらの多くが、いわゆる「二足の草鞋」をはいていた、すなわち、ヤクザと十手持の二つの顔を持っていたことは、幕末社会のありようを端的に語っている。

明治の人びとがよく使った言葉のひとつに「旧幕時代」がある。明治維新後の急速な西欧化＝近代化は、たかだか一〇年、二〇年しかたっていないのに、旧幕府の時代が、はるかに遠い異質な社会の時代であったかのように回顧される。それほど、社会の変わりかたは激しかったのである。

一　開化と盗賊

泥棒医者

日本橋葺屋町新道の岡田という医師は、じつは安房・上総をまたにかけた強盗の首領であった。手下が二、三人いた。茶屋の三田屋の女中お初は岡田に愛されていた。岡田は、田舎へ行くといっては家を明け、帰ってくると、ぜいたくをする。町方岡っ引がお初を番屋へ呼び、「あの医者が来たら、ちょっと知らせろ」という。お初が、これこれと岡っ引の話をすると、岡田は東京を離れた。ところが、どうしたことか、かれは芝白金で町方に取り押えられた。

捕方の秀さんの父が、岡田をたいそう労ったので、お礼にと、岡田が「家伝の妙薬」というものを教えてくれた。「赤膏」といって傷や霜焼のよい薬で、売り出したら相当の収入があったという（篠田鉱造『増補　幕末百話』）。

行商人殺し

明治七年（一八七四）のことである。日向（宮崎県）の高千穂村の百姓儀太郎は、以前に女房に死なれて独りぐらしであった。この村に古着などを売り歩く女がやってきて、儀太郎に一夜の宿を乞うた。快く泊(と)めたその夜、儀太郎は女を殺して首を斬り、所持していた金品を奪った。

隣家も遠く離れた一軒家だったから、この事件、誰知る者もなかった。ところが、半月ほど経って、一匹の犬が人の首をくわえて村の中を走るのを人びとは見た。すぐに役所に届けると、調査が始まり、儀太郎の家に遺骸のあることが明らかになり、かれは逮捕された。「安達ヶ原の鬼婆」の男版というべき猟奇的な事件であった（『東京日々新聞』八六五号）。

古着から足(あし)

本所五百羅漢の右側に、杉山喜徳という老人の金貸しの家があった。明治二十四年（一八九一）のこと、強盗が入り、娘二人を縛(しば)り、喜徳をおどしたが、当日は手払いになったので現金はなかった。盗人は姉娘を犯し、喜徳を殺害して逃走した。

一年たって、娘が父の墓詣りに出かけ、本所相生町(あいおいちょう)の古着屋にぶら下っている着物を見て、それが父の物と知る。本所署に訴えると、それが本所森川町の質流れとわかる。犯人は本所林町の油屋であった。油屋某は死刑になった（篠田鉱造『増補　幕末百話』）。

うなぎ泥棒

明治時代、いつとは知れないが、深川木場の近くに養魚場があって、鰻を飼育していた。ある朝、鰻を市に持っていこうと養魚池に来ると一匹もいない。翌朝もまた鰻がなくなっている。泥棒の仕業にちがいないと思い気をつけていると、近所の長屋住まいの人足がこの二、三日景気がよく、赤い顔をしているので、これは怪しいと思う。そこで一計を案じた。

夜明けに、「キャア」という叫び声が聞こえ、かけつけてみると男が青ざめた顔で倒れている。そばに蛇がぬらくら這っている。主人は前の晩、笊の中に蛇を入れておいたのであった。それと知らぬ泥棒は鰻を取ろうと笊に手を入れたのだった（鶯亭金升『明治のおもかげ』）。

スリの近代化

江戸時代から明治・大正頃まで、市井にはスリが横行し、名人と呼ばれた人物も多い。スリは現行犯でないと逮捕できない。周囲の人びとも警察も、かれがスリだと知っている。顔も知られ、住まいなどもはっきりしている。さらに面白いのは、その風体である。ひとめ見れば巾着切りとわかるいでたちなのである。いわば〝制服〟を着ていたのである。

「巾着切は風俗別也、知れるよふにしたるものなり、青梅島（縞）のちちぶきぬ（秩父絹）の裏の布子を一つ著て、懐中には何も無し、黒小白の帯、紺のつつ（筒）長の足袋、さらし（晒）木綿の手拭を肩へかけるか、腰へはさむかして、雪踏をはきたる男たるもの也、三十ぐらゐな人物も無し、或云三十足らずに首を刎らるる形に陥るゆへ也」（海保青陵）

スリ社会の近代化

明治初年、東京に横行したスリの親分は巾着屋の豊ことT・Kであった。T・Kは弘化二年（一八四五）十二月二十四日、浅草阿部川町に生まれた。父は越中富山の出身で、江戸に出て酒屋を開き、かなり繁昌したという。T・Kは長男として甘やかされ、二十歳頃から飲む・打つ・買うの三拍子が揃うという有様だった。二十歳の頃には、博賭仲間では兄い株になっていた。その後かれは小田原辺の髪結いでスリの地蔵の栄吉と知り合い、T・Kはスリ仲間に入った。二十二歳のときである。一度捕らえられ入牢したが、出獄後いよいよ腕を磨き、スリ集団をひきいる親分になる。それまで、スリは木綿の筒袖に三尺の帯というスリ一流の格好をしていたが、商人風、番頭風、紳士風、官吏風に装い、変装することで目をくらますようになった。スリ社会の「近代化」をはかったのである。明治二十八年（一八九五）T・Kは捕らえられ、翌年八月に巣鴨監獄内で病死した（『近代庶民生活誌』15）。

清水の熊

日清戦争頃から著名なスリの親分清水の熊ことB・Sは、姫路藩士の子として嘉永五年（一八五二）に生まれた。幼少から手くせが悪く、十五歳のとき勘当され、芝烏森の髪結いの所に厄介になった。ところが、十六歳で髪結いの家の娘と不義に陥り、露見するとここをとび出した。その後は博徒の使い走りとなる。十八歳で結婚、スリを専業とした。面倒見のよさもあって、しだいに子分が集まり、いつの間にか大親分になった（『近代庶民生活誌』15）。

仕立屋銀次

近代で最も名高いスリの大親分仕立屋銀次は、慶応二年（一八六六）三月十七日、江戸の本郷動坂町で生まれた。父親はもと紙屑問屋と銭湯を経営していたが、のち浅草猿屋町警察署の雇となった。銀次は、十二、三歳のとき日本橋の仕立職井坂浜太郎方へ年季奉公に出た。かれは年季をつとめあげ二十六歳で独立し、多くの弟子を持ったが、その中のK・H（十八歳）と親しい仲となり同棲した。

このK・Hは、スリの親分清水熊と妾の間に生まれた女で、銀次はスリの親分を義理の父とすることになったのである。結局この縁でかれはスリ仲間に入る。面倒見の良い銀次はスリたちから慕われ、しだいにかれを親分と仰ぐ者が多くなった。したがって、かれは経済的にも裕福になり、下谷近辺で五、六〇軒の貸家を持つようになった。明治四十二年（一九〇九）の大検挙で銀次も捕らえられたが、かれの所持していた盗品は、時計・財布などの小物が人力車三台、荷馬車二台分もあったという。全盛期には子分二五〇人という大世帯であったが、銀次の逮捕はやはり大きな打撃となった。

銀次は大正六年（一九一七）にも捕らえられ、昭和三年（一九二八）の春出獄した。ところが昭和五年三月二十三日午後三時半頃、新宿三越デパート三階呉服売場で、大島の羽織に対の袷を着た老人がセル一反と錦紗二反を万引し淀橋署員に捕らえられた。老人は、市外小松川町の仕立屋銀次（六十四歳）と名乗った。同署では仕立屋銀次のニセモノではないかと思ったが、正真正銘の仕立屋銀次であった（『近代庶民生活誌』15）。

タクシー強盗第一号

「時代」をよくあらわしているのは、タクシー強盗である。わが国にタクシー会社ができたのは明治四十五年（一九一二）七月のことで、東京有楽町のタクシー自動車が最初である。六台のフォードで営業を開始したが、その後、大阪・名古屋でも営業が始まり、普及したのは第一次大戦後である。自動車の増加は著しく、東京では、大正十年（一九二一）に四〇九七台だったのが、昭和二年（一九二七）には一万三一六三台へとふえている。

大正十五年七月、東京八王子でタクシー運転手が絞殺され、自動車が売りとばされる事件が起こった。タクシー強盗第一号である。大正十四年にフォード、昭和二年にゼネラル・モーターズが日本に進出し、いよいよモータリゼーションが始まったが、当時、新車一台の値段は一〇〇〇円以上した。その頃、高等文官試験に合格した大卒公務員の初任給（基本給）が七五円（月給）で、一〇〇〇円といえば小住宅が一軒買えた。

自動車強盗

昭和三年、折からの不景気の中、東京府下尾久（おぐ）町の自動車運転手K・Aと、浅草区田原（たわら）町の自動車運転手T・Tの二人は、失業中であった。そこへ、T・Tの知人群馬県高崎市の自動車ブローカーHから、セダン型シボレー自動車の出物があれば周旋してくれと依頼された。二人は自動車の「調達」を企てた。

昭和三年（一九二八）九月二十三日、午前一〇時頃、二人は東京京橋区月島から小舟をしたてて沖に出て、自動車を奪う場所や手だてを相談し、午後三時頃舟からあがり、上野広小路の松坂屋の角で、シボレー一九二九年式のタクシーをとめ、「月島へ釣に行くのだが、三時間五〇銭でやらないか」と交渉し、月島町の貸舟業〝美吉野〟の店先についた。舟は三人を乗せて沖に出た。

舟は月島沖第四埋立地の西方に漂い、午後八時すぎ、二人は突然村田運転手に襲いかかる。ハンマーで頭部をうち、さらに首をしめて殺し、かねて用意しておいた大きな石を二つおもりにして針金で結びつけ、死体を海中に投じた。

二人は岸に戻り、置いてあった自動車を奪い、これを運転して高崎まで行き、ブローカーHに売って八五〇円を手にした。ところが、九月二十九日の夕方、村田運転手の死体が浮き上がり、警察は身元を確かめ自動車の発見に全力を注いだ。AとTの二人が捜査線上に浮かび、十月五日逮捕された（『近代庶民生活誌』15)。

ピストル強盗清水定吉

明治十九年(一八八六)十二月三日、ピストル強盗清水定吉が逮捕された。かれは東京本所松坂町二丁目三番地の平民、本名K・Oで、揉療治(もみりょうじ)を職業とした。盲目を装って盗みを重ねたのである。かれは明治二年から同九年夏まで二〇回以上も窃盗・追剝を働いたが、逮捕されたとき、これはすでに時効となっていた。

審理の対象となったのは、九年九月十七日午前四時頃、日本橋区北新堀町二番地の両替商神戸清衛方へ押入り、金六円五〇銭を取り、以来、十九年十二月三日まで、計五六か所に入り、計一、七八五円五五銭七厘を奪ったという。しかも強盗だけでなく、神田区佐久間町三丁目一三番地の質屋石渡六兵衛方に押入ったときは同人を殺害している。

十二月三日午前五時頃、日本橋区馬喰町二丁目一番地の書店石川すゞ方に、路次口から勝手に入り、短刀でおどし、金箱を持って渡さなかった雇人鹿島長次郎をピストルでうち負傷させた。逃走の途中、同区橘町四丁目で巡査小川侘吉郎(たきちろう)に呼びとめられるとまた発砲し、また短刀で傷を負わせた。小川巡査がなおも追いかけてくると、再び短刀で襲い死に至らしめた。その場所は、日本橋浜町と久松町の境を流れる旧浜町川に架(か)かる小川橋のところであった。清水定吉は、翌二十年十二月死刑の判決をうけた(『東京日日新

聞』明治二十年十二月八日号、石川悌二『東京の橋』、『近代庶民生活誌』15)。

ピストル健次

ピストルといえば、はるかのちのことであるが、大正時代のピストル健次も名高い。大正十四年（一九二五）十一月九日の夜明け前、東京品川区浅間台の浅間台尋常高等小学校長K・S氏の家に泥棒が入った。左手にピストルを、右手に短刀を持った強盗は、S氏を起こし「金を出せ」とピストルをつきつけた。金はないというと、ピストルを放った。この音に驚いた同居人の小学校教員T・K氏が強盗に迫ると、強盗はピストルを三発発射しK氏を殺害した。

強盗は、逃れて国鉄品川駅構内に入るが、暗がりでつまずき、そのはずみでピストルの引き金を引いてしまう。暁の空に轟音がひびき、駅構内の巡査詰所にいたK・I巡査がかけつけるが、犯人に短刀で刺され死亡する。

強盗の名はS・O、通称「ピス健」であった。かれは明治四十一年（一九〇八）に強盗傷害を働き、無期懲役の判決をうけ服役したが、一五年に減刑されて大正十二年八月に出獄した。その後、台湾・上海・天津とわたり歩き、翌年一月末に内地に帰ってきた。結婚もし、職も得て幸せな生活を送っていたが、一刑事の不用意な発言から、かれが前科者であることを妻に知られてしまい、ここからまた、かれの人生が狂ったのである。

警察の警戒網をくぐって、ピストル健次は大陸にとび、奉天で強盗を働き、やがて帰国するが、神戸港では、新聞記者に混じり、水上署のランチで上陸した。まるで映画もどきであった。ついで京都の質屋を襲い、現金一三〇円と金の指輪八〇箇を奪って、「夜が明けるまでに届けたら一家皆殺しにするぞ」と脅して立ち去った。

大正十四年十二月十二日午前零時頃、警察はピス健の居場所を確認し、刑事課長指揮のもとに包囲し、寝込みをおそい逮捕した（楠瀬正澄『窃盗の因』）。

二　説教強盗

近代の盗賊のうち最もよく知られたものといえば、大正末年から昭和初年にかけて世間を騒がせた〝説教強盗〟であろう。昭和二年（一九二七）生れの私など、小さい頃よく耳にしたのは、仕立屋銀次と、この説教強盗の名であった。

説教強盗

左官職人妻木松吉が最初に罪を犯したのは、大正十五年（一九二六）八月一日で、かれが逮捕されたのが昭和四年（一九二九）二月二十三日であったから、その間三年六か月の月日があった。

大正十五年八月一日午前三時頃、東京府下代々幡町幡ヶ谷四九五の米屋恩田二三治の家が最初の標的となった。主人をおどし、前頭部を板で殴打し、現金約一四〇円を奪ったというものであった。(1)

妻木松吉の犯行は、強盗―六一件、未遂四件、窃盗―二二件、未遂七件で、奪った現金は五、〇五〇円余り、盗品の見積金額二、四四六円であった。かれが「説教強盗」と呼ばれた所以（ゆえん）は、侵入した家で、

「犬を飼いなさい、犬のいる家は泥棒が入りにくい」「家の中が明るく、外側の暗い家は非常に入りやすい、だから外を明るく、内部は暗くしなさい」

などと説教したからだという。

被害が拡大すると模倣犯まで生まれたらしいが、被害者の中には著名な人も多かった。東京女子大学初代学長だった新渡戸稲造、もと華族女学校長・実践女学校の創立者で愛国婦人会長だった下田歌子、小説家・評論家の三宅やす子、教育学者の楢崎浅太郎、もと満鉄理事の安藤又三郎、第一製薬専務の池田文次らの名がある。

妻木松吉は母が甲府監獄に入れられていたときに生まれた。母の結婚あいて―義理の父は乱暴なゴロツキ肌の男で、松吉の給金を前借りし、大きな百姓の家に松吉を働きに出したという。十五、六歳になると、松吉は村を出て牛乳屋に奉公したが、売りかけ代金を使い込んだりして、大正九年に甲府監獄で八か月服役した。出獄してから、かれは埼玉県深谷町の深谷停車場で荷物運搬人として働き、徴兵検査でいったん山梨県市川大門に帰郷した。そのあと東京に出て、目白に住んでいた親戚の者の世話で、小石川豊川町の左官職の見習いとして住み込んだ。

三年あまりたって一人前の職人となり独立した松吉は、友人の妹八重と恋仲になり世帯をもった。二十四歳のときであった。真面目に働き収入も増したが、そのうち、かれは酒を飲むようになり、やがて博奕をうつようになった。もちろん生活は窮迫し、加えて肝臓を病み、約半年病臥するようになる。そして、少し健康をとり戻した松吉は泥棒を始めるのである。

（1）　現在と貨幣価値があまりにも違うのでピンとこないが、ひとつの目途を示すと、大学卒業で高等文官試験に合格して公務員になった者の初任給は、大正十五年には七五円であった。同じ頃、小学校教員の初任給は五〇円、巡査の初任給は四五円、東京大学の授業料年額は一〇〇円であった。

妻木松吉逮捕

朝日新聞は、昭和四年一月十九日付で社告を出す。二月一日までに説教強盗を捕らえた者に金千円の懸賞金を贈る、また犯人を密告した者にも三百円を贈るというものであった。[1] しかし、期限がきても犯人はつかまらず、二月十五日まで期限をのばした。出版社平凡社は「説教強盗に告ぐ」という広告を出して、「即時自首して出よ」と呼びかけ、

「此の広告発表後一週間以内に自首すれば実際君の言ふ如く家族が困窮して居れば、実情調査の上、家族に一千円を進呈しよう」

と書いた（三国一朗編『昭和生活文化年代記』）。作家の井手孫六氏は、その著書で、

「時代は不況と失業と貧困のどん底にありながら、概して世論は、妻木松吉の哀しい出生と不幸な生い立ちを知って同情的だったのは、あまりにも昭和四年の政治が荒廃していたからでもあったろう」

と解説している（『その時この人がいた』）。市民は戦々恐々であった。事件解決後の『毎日新聞』には、つ

ぎのような短歌が掲載された。

○ともかくも紙幣の番号書きとりて説教強盗に備へたりけり（富田舟子、昭和四年二月二十五日号）

○もの持たねど郡部に住めば説教をする強盗の恐ろしくして（古川白虹、昭和四年三月四日号）（『昭和萬葉集』）

説教強盗は社会問題となり、やがて政治問題化してきた。警視庁の威信のかかる問題となってきたのである。野党民政党の議員が決議文を議会に提出し、田中義一内閣の内務大臣は警視総監に犯人逮捕をつよく指令した。

妻木松吉が逮捕されたのは昭和四年二月二十三日であった。かれが大正九年に盗みで捕らえられたときに取られた指紋が、のち犯行現場に残された指紋と一致し、逮捕に至ったという。三年六か月の間に、警視庁はのべ二〇万人の警官を動員したといい、四〇万枚の前科者の指紋と照合して松吉が割り出されたという。コンピューター化されている現在ならば、たちまち犯人を探し当てることができたであろうに、たいへんな手間と時間がかかったことであった。

逮捕当日、午後四時頃、捜査員らが西巣鴨町向原の妻木の家を囲み、在宅を確かめてふみ込んで逮捕したのである。その場所は、現在の池袋サンシャインビルの東、都電向原駅付近である。(2) 翌年十二月、裁判所は無期懲役の判決を下し、妻木は控訴せず、妻子の籍を抜いて服役したが、昭和二十二年に新憲法公布の恩赦で仮釈放となり出所した。出所後、かれは防犯講演会などで防犯の心得などを話したりしており、二十三年六月には『強盗の心理』（佐山英太郎編）と題する手記を出版している。

（1）朝日新聞社が広告した懸賞金一〇〇〇円は、松吉逮捕後に、逮捕協力者三一人に分配されたという。内訳は、直接逮捕にあたった警官たちに五〇〇円、その他捜査につとめた警官たちに五〇〇円というものだったという。

（2）二十三日夜に新聞の号外が出た。その紙面は「説教強盗捕はる／強窃盗百余件を自白／二十三日午後八時警視庁発表」というものであった。

手記『強盗の心理』

手記は四六判一二六頁の小冊子で定価四五円である。弁護士太田金次郎の序があり、それによると、「服役中は八百名収容者の代表として囚の模範となり挺身奉公の誠を捧げた。この誠心は行刑当局の認むる所となり、一九四七年十二月十三日遂に仮出獄の恩典に浴するに到った」という。出所後、妻木はこの弁護士太田金次郎の「家に在って防犯事業に懸命の努力をし、或は講演に或は著述に寧日なき有様である」と記されている。手記は、『強盗の心理』と題するが、「強盗百四十七件強姦二十数件元説教強盗事妻木松吉が出獄後初めて綴る懺悔録『貞操強盗の心理』」とし、目次からもうかがえるように、かなり興味本位の内容となっている。「清処女の尊さ」「私を強盗にしたもの」「貞操の鍵はどうかけるか」「女ごころの秘密」

「処女独りの部屋」「暗示に弱い女」「縛に就く日」「刑務所生活二十年」「ネズミとケムシ」がその内容である。

三　さまざまな盗みのテクニック

他人の物を掠め取る、盗み取る手口は多様である。暴力を振って奪い取るもの、あいてをだまして掠めるもの、そして使う道具もさまざまである。その手口のおよそは、のちの楠瀬正澄氏の著作の紹介の箇所で述べるが、ここでは、大正・昭和の、ドロボーたちの様相を書き記すことにする。

猫ドロボー

大正六年（一九一七）九月、東京本所業平町の川村竹次郎が検事局送りとなった。かれには猫ドロボーの前科が三犯あり、通称「猫竹」と呼ばれていた。猫竹は、丈夫な糸の先に釣針をつけ、これにウナギの頭の焼いたものか、または生きた雀を餌としてつけ、猫の近辺に抛げ釣り取る。釣れた猫はすぐに附近の広場で皮を剥ぎ、肉は捨てて皮だけを袋に入れ問屋に売るのである。一日に二、三〇匹の猫をとるのは大した苦労はいらないという。猫竹の話では、猫の遊び歩く時刻は夜明け前とか、午後六時頃とか大体きまっている。その時刻を見計って仕事をするのだという。猫の皮、いうまでもなく、三味線の胴に張るのである（『近代庶民生活誌』15）。

前科四十八犯

関東大震災のあと、バラック建築が多く、戸締まりが不十分だったので、これを奇貨として空巣が横行した。東京生まれの山猫の忠次ことC・K（五十三歳）は、震災直後から三年間に市内で百数十件一〇万余円の空巣を働き、大正十五年（一九二六）秋逮捕された。かれは十六歳のときから悪事を働き、カッパライ・空巣・忍込と、大小の前科合わせて四十八犯であった（『近代庶民生活誌』15）。

「お目見得」泥棒

ある人が新聞に「女中さん入用」の広告を出した。すると、すぐにK・Mという二十五歳の女が雇ってくれといってきた。真面目そうなので雇った。よく働くので重宝に思い、すっかり信用していたが、妻が留守にした隙を狙って、タンスの抽出（ひきだし）から現金九〇〇円を盗んでドロンした。

この女は常習犯で、豊島区目白のM・T氏宅で現金五〇円と小切手三枚を奪い、青山高樹町のK・K宅で五〇〇円、青山北町のK・Y宅でも二〇〇円を盗った。女は以前、大阪で喫茶店につとめていたが、二十四歳のコックと内縁関係に入り、大阪のカフェーを転々とした。そして二人で上京してお目見得を働くようになったという。東京市内八〇数軒から一万数千円を盗んだという（楠瀬正澄『窃盗の因』）。

堂々たる詐欺師

Ｍ・Ｋは長野県生まれで、小学校を卒業すると上京し、新聞配達をしていたが、集金を横領して少年刑務所に入った。出所後、偽名で日本橋の呉服問屋に雇われ、しばらく真面目に働き、主人の信用を得て、出納を任されると、五千円を盗んで朝鮮に渡った。二十四歳のとき八千円ほどの詐欺を働き刑務所に入り、以後罪を重ね、昭和三年（一九二八）前科八犯で府中刑務所を出た。

今度は、かれは「医学博士」と自称して神田の医療器具店から二、八〇〇円相当の医療器械をだまし取り、これを売って北米へ渡った。「帝大教授」「医学博士」とか「陸軍々医大佐」とか詐称して、カリフォルニア州ロスアンゼルスに大邸宅を借り、数人の書生・女中を置いて在留邦人をだまし、二五、六万円を詐取し、内地へ逃げた。

東京の帝国ホテルに滞在していたが、新聞で、京都の資産家某が死亡し、相続人がいないので百万円の遺産が宙に迷っているという記事を見て、ルンペンのＨ・Ｓを資産家の妾腹の子にしたて、天一坊よろしく、まんまと百万円をせしめた。かれは大森山王台に堂々たる邸宅を構え、「張学良から没収した阿片を払い下げる」と称して、市川市の資産家某から八二万円をだまし取り、同様に、阿片を種に大阪の実業家某から三八万円、札幌の資産家某から六万円をかたり取った。巨額の金を詐取して豪奢な生活を送っていたが、昭和七年五月検挙された（『近代庶民生活誌』15）。

偽裁判官の詐欺

昭和三年（一九二八）四月十八日午後五時頃、新潟県三条町第四銀行支店に、三十四、五歳くらいの一見紳士風の男が、巡査や裁判所書記という二人を従え、地方裁判所検事山口茂喜という名刺を出し、「支那人が拾円紙幣の偽造行使をしているので、その取調べに来た」といい、帳簿を調べたり、封印したりしたあと、同銀行の現金十円紙幣四万八千八百四十円を一応押収するといい出した。支配人が怪しんで提出を拒むと、「明朝地方裁判所に持参せよ」といって立ち去った。翌日、裁判所へ現金を持っていくと「そんな事件は全然ない」というので、はじめて偽者とわかった。

それから間もない四月二十七日、兵庫県有馬郡三田（さんだ）町の篠山（ささやま）銀行支店へ、「神戸地方裁判所判事法学士森村正治」という名刺を持った一行三人が乗り込み、「日本共産党の百六十万円の紙幣偽造事件で取調べをする」といって支配人らを訊問（じんもん）し、調書を作ったうえ証拠品として押収するといい、十円札で二万九千八百二十円をだまし取って逃走した。かれらは、翌年四月六日、宮城県古川町の第七十七銀行支店へあらわれ、同様の手口で紙幣をだまし取ろうとして駐在巡査に通報され、逃走中に検挙された（『近代庶民生活誌』15）。

居　空

昭和四年（一九二九）十二月九日午前二時頃、東京市外碑衾（ひぶすま）町で、通行中の挙動不審の若い男を、目黒警察署の刑事が引致し調べたところ、男は岩手県生まれのK・Mで、ドロボーであった。かれは、郊外の大きな邸宅の門前を夕方ぶらぶらして、その家の主人の帰りを待つ。主人が帰ると中庭にもぐり込み、植込みにかくれている。主人が湯に入り、食事をし、そのあと家族が居間に集まってラジオを聞いたりしているスキを狙い、部屋から衣類や時計などを盗んだ。荏原（えばら）郡中延（なかのぶ）では某大将邸から二五〇円もする時計を盗み、碑文谷（ひもんや）の某少佐宅からも時価二〇〇円相当の金時計をとった。被害は計一〇〇余件、七、八千円相当に及んだ。一家団らんに耽（ふけ）っているうちに、一寸（ちょっと）したスキを狙い金品を窃取する、これを居空（いあき）という（『近代庶民生活誌』15）。

夫妻分業

東京生まれのM・Hの妻Tは、昭和七年（一九三二）十月、東京市芝区高輪町の今村氏邸の、カギのかかっていない応接間の硝子戸を開けて侵入し、現金五〇〇円と貴金属八点五〇〇円相当を窃取した。かの女は、ほかに会社重役・代議士・実業家・軍人・華族の邸宅専門に、計四五件、被害総額五万四〇〇〇円の窃盗を重ねていた。盗品は夫のM・Hが売却したり質入れしたりしていたという。夫婦共働きのドロボーであった（『近代庶民生活誌』15）。

ニセ電報

昭和十年（一九三五）四月二十三日、大阪府港区の潜水業早見太郎方へ、

「ハヤミシズ　コスグ　コイシマノウチケイサツ」

との電報が届いた。妻の静子が急ぎ島之内警察署に出頭すると、同署ではそのような電報をうった覚えはないという。静子が家に帰ってみると、階下奥のタンスはすべて引き出され、衣類二三点が盗まれていた。よくある手口であった。犯人は千葉県生まれのS・Kで、かれは附近で逮捕された（『近代庶民生活誌』15）。

肩書詐称で盗み

兵庫県生まれの前科二犯S・T（三十三歳）は、昭和十三年（一九三八）六月十日東京府中刑務所を出所し、翌日新聞広告を見て、陸軍々医大尉の制服を着て、東京市芝浦共済組合病院に至り、阪大医学部卒と称して雇われ、八月下旬まで患者を診察し、八月二十五日顕微鏡一台を盗んで逃走した。翌二十六日には横浜の歯科医院に歯科医山川保雄と称して雇われ、その夜貴金属を盗んで逃走。十月十八日には埼玉県川越医院へ月給二〇〇円で代診に雇われ、給料を前借して逃走。十一月十三日には山形県上ノ山町医師小村伝一郎方へ京都医大卒と称して月給一三〇円で雇われ、同月十八日往診に行くと称して逃亡、十四年一月二十七日、警視庁愛宕署の刑事に捕らえられた（『近代庶民生活誌』15）。

剽　盗

静岡県生まれのS・Mは肋膜炎（ろくまくえん）を患（わずら）い、母親から二〇〇円の医療費を貰ったが、昭和十三年（一九三八）

十二月上旬、沼津市で、芸妓あいてに遊興に耽り、また熱海温泉に芸者同伴で遠出して消尽してしまった。S・Mは、十二月二十日、以前雇われて働いたことのある埼玉県児玉町在の、通称一本松という人気の少ない県道で、午後七時頃、雨の中を自転車で通りかかった児玉町の米問屋の番頭根本平蔵を襲い、うしろから刃渡り一尺八寸の日本刀で斬りつけ殺害、現金四〇〇円を奪った。かれは一週間後の二十六日に検挙された。――人通りの少ないところで通行人を襲う＝剽盗すなわち〃オイハギ〃である（『近代庶民生活誌』15）。

土蔵破り

山形県生まれの前科四犯K・Wは、昭和十二年（一九三七）九月二十二日から二十六日の間に、山形県飽海郡平田村の藤井伊三方の土蔵箪笥から、一万円公債三枚、一千円公債四枚、百円公債四枚、五〇円公債一枚と現金七〇〇円、計三万五一五〇円を窃取して逃走したが、十月十二日に検挙された。

土蔵破りには三つの方法があった。第一は「腰巻切」といい、土蔵の下廻りを切り破るもの。第二は「耳切」といって、土蔵の窓の金棒・金網を破るものである。第三は「天切」で、土蔵の屋根瓦を剝いで天井板を破り、上から侵入するものである（『近代庶民生活誌』15）。

詐欺強盗

奈良県吉野郡生まれのH・Sは、刑事を装って各地の旅館に泊り歩いた。宿帳に官・氏名を記入して、

「宿泊人に偽造紙幣（ニセサツ）を持っている疑いのある者がいる」

として、宿泊人の所持品検査をし、大金を持っている者がいると、

「この紙幣は贋造の疑いがある、署まで同行してくれ」

と詐ってつれ出し、途中で宿泊人をしばり、所持金を奪った（楠瀬正澄『窃盗の因』）。

たらいまわし詐欺

IとKとSの三人が共謀して、贋（にせ）の絵画を高価に売りつけようと、たくらんだ。まず、KとSの二人が埼玉県の資産家Hに、絵画二点を三五〇〇円で売りたいと持ちかけた。三日後に、今度はSとIが資産家Hのところへやってきて、Iが、すでに売買の内約のできている絵画を一万四〇〇〇円で買いたいといい、内金二〇〇円を資産家に支払った。これですっかり信用したHは、絵画の代金三五〇〇円をKに支払った。昭和十二年（一九三七）三月のことであったが、Kは同年五月、逃走先の秋田で逮捕された（『近代庶民生活誌』15）。

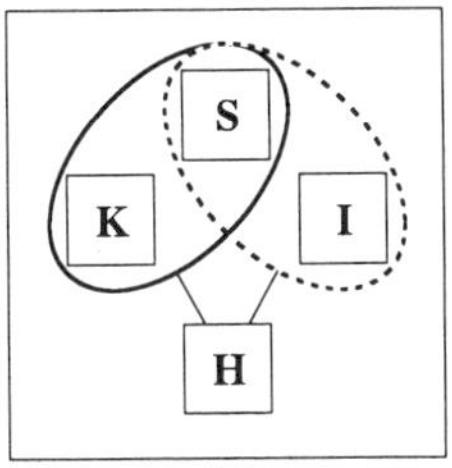

金の鯱を盗んだ男

　広島県生まれのK・Sは、福山中学を二年で中退し、その後大阪に出て不良仲間に入り十八歳のとき、日本刀を携えて強盗を働き六年間服役し、その後また窃盗で八年の刑をうけ、昭和十一年十一月八日名古屋刑務所を出所した。

　翌十二年一月四日の午後四時頃、K・Sは名古屋城の見物人に紛れて天守閣に入り、隠れて夜を待った。夜になると、ちょうど足場が組んであったのを利用して屋上に登り、ペンチで金網を破って、金の鯱の背や腹の部分の鱗大小五八枚を剝ぎ取った。この金の鱗は厚さが郵便はがき程度で、最も大きいものは一片が五四平方寸であった。金は十八金で、総額時価約六八〇〇円だったという。K・Sは延棒にして、この金を大阪市東区の今岡時計屋に売却しようとしたが、関係者二名とともに逮捕された（『近代庶民生活誌』15）。

女銀行強盗

　昭和十一年（一九三六）十二月五日午前二時頃、奈良県吉野郡川上村の南都銀行川上支店に盗賊が入った。賊は、和歌山県生まれのF・Oで、当時十八歳であった。銀行の裏手格子を丸鋸で切り、窓硝子をあけて侵入した。風呂敷で覆面をし、格子の鉄棒で金庫を破壊しようとして果たさず、物音に目をさました宿直員を鉄棒でなぐり全治三週間の傷を負わせた。賊は、急報によりかけつけた駐在所の巡査に逮捕された。なんとも無計画な幼稚な銀行強盗であった（『近代庶民生活誌』15）。

戦時処罰の強化

太平洋戦争が始まってすぐの昭和十六年（一九四一）十二月十五日に始まる第七十八臨時議会で、「戦時犯罪処罰の特例に関する法律案」が提出された。銃後の治安を紊す者を厳罰に処することになり、とくに灯火管制（とうかかんせい）中の暗闇を利用したり、人心に動揺を生ぜしめる状態で行われる犯罪は厳重に取締まられることになった。強盗予備罪は、懲役二年以下だったのが一〇年以下となり、強盗傷人は無期または七年以上であったのが死刑または無期に、強盗犯は懲役五年以上の者が死刑または一〇年以上となり、窃盗犯は一か月以上一〇年以下のものが無期または三年以上となった。そして、不良少年の〃たかり〃も強盗として扱われるようになったのである。

楠瀬正澄著『窃盗の因』

この書物が出版されたのは第二次大戦中の昭和十七年一月で、出版社は人文閣。「隣組（となりぐみ）防犯講座」の一冊で、著者は報知新聞社文化部長の職にあった。Ｂ６・二四九頁で定価は一円五〇銭であった。ちなみに、講座第一輯は『怪奇犯罪』、第二輯『掏摸（すり）の行方』、第三輯『少年犯罪』で、『窃盗の因』は第四輯に当たる。「広告」はつぎのように述べる。

「近時犯罪の激増は一驚に価するものがあるが、実にこれほど銃後をみだすものはなく、全く寒心に堪へないのである。この時に当り国民一人々々が特に犯罪を未然に防ぐやう心掛くべきであって、それを判り易く実際的に一般に知らしめ、以て所謂防犯精神を強調する意図のもとに、本講座を企てたのである。」

具体的に泥棒の手口などを記述していて、きわめて興味ふかいが、種類は多い。

〔屋内〕

1　忍び込みの方法

○雨戸の当て外し（釘様のもので雨戸と敷居の溝の間に当てて雨戸を外す）
○雨戸の撓め外し（雨戸を曲げて外す）
○格子破り（窓の格子を切ったり、抜いたりする）
○錠前外し、錠前切り
○切り破り（戸締りしてある部分を切り破る）
○焼切り（雨戸・硝子戸を焼き切る）
○家の土台下を掘る
○家の床下潜り（床下にもぐり込み、台所の揚げ板、たたみを持ちあげる）
○引き窓の縄を利用する（屋根に登り、引き窓を外し、縄を伝って忍び入る）

○長屋の空屋（あきや）の隣家の天井裏から忍び込む
○便所から入る
○廻転欄間（らんま）から入る
○外灯の明り窓から入る

2　空巣狙い

昼ひなか、荷車を引いて引越しを装い、家財一切を盗み取る泥棒がある。

3　娘　師

土蔵破りのこと。

4　万　引

単独で行うものと数人の共犯者と組んで仕事をするものがある。
○おとしびき（宝石を買うふりをして盗む）
○すいとり（主犯がとり共犯に渡す）
○まきこみ（買物するふりをして商品を並べさせ、赤ん坊のオムツをかえるふりをして、そこに盗品を捲き込む）
○つりこみ（着物の腋下などへゴム紐を結びつけ、その端に釣針やはさみ金具をつけて、これを引っぱって盗品を衣服の内にかくす）

○のぞき（トランク、バスケット、信玄袋の底を抜いておいて、これを商品の上に置き、トランクの中を整理するふりをして手を入れ、商品を取り込む）

○はりとり（鞄の底に粘着物（アラビアゴム）をつけて、宝石など小さい商品の上に置いて取る）

○まくきり（長いマントなどを着て、これを商品にかぶせて取る、店員の眼を遮断するのである）

5　板(いた)の間稼(まかせ)ぎ

銭湯で他人の衣類の中から、サイフや貴金属などを盗む。

6　邯鄲師(かんたんし)

旅館を舞台とする窃盗。身装を整えて立派な風采(ふうさい)で投宿し、宿泊者が入浴中に室に忍び込んだり、真夜中、宿泊人の室に侵入し、枕許の金品を盗んだりする。いわゆる枕探しもこの一種。

7　鼠（ねずみ）

商店の雇人が主家の商品を盗む。

8　詐欺的窃盗

○お目見得(めみえ)泥棒（女中に住み込み金品を盗んで逃走する）

○留守宅荒し（偽電話で家人を外出させ、主人の友人のふりをして上り込み、主婦にタバコなどを買いに出させる、あるいは主人がケガで入院したと誘い出す）

○間借窃盗（間借りの交渉に来て、すきを見て金品を盗む）

○便所借用窃盗（文字どおり）
○訪問窃盗（子づれの巡礼が札の両替を頼み、その家で休んで金品を盗む、あるいは夕方など混雑している店頭に客を装って入り盗む。また布教師のふりをして訪問する）
○官公吏を装う（大蔵省の書記と称して銀行にのり込み、現金調査といって袋に入れさせ、別の袋とすりかえて取る。あるいは電灯会社、ガス会社員を装う）

〔屋　外〕

1　源氏師
荷車・リヤカー・自転車などの荷物を、主が休んだり不在のとき盗む。

2　置き引き
駅や列車などで、置いたトランク・鞄などを盗む。
○置替（トランクなどをスリかえる）
○勘平（トランクの底を刃物で切って金品を盗む）
○けれんおき（銀行・会社・郵便局などの現金受渡しの場で順番を待っている客にウソをいって誘い出し、風呂敷包みなどを置いたまま出ていったあと盗む）
○箱置（列車内で荷物を盗む）
○待合置（待合所・休憩所などで、テーブルやベンチに荷物を置いたまま、切符買いや便所に行ったす

きに盗む）

3　掻払い（かっぱらい）

朝・晩・多忙なとき混雑にまぎれて、引っつかんで逃走する。

4　詐欺的窃盗

急病人と称して医師を装い、または電報配達を装って襲う。

5　九官引

履物専門のカッパライ、玄関にある靴・下駄を盗む。

6　四つ師

猫を盗む。

7　火事泥

火事場の混雑にまぎれて盗む。

8　たこ釣

戸締りしていない窓に、竿や棒・ステッキなどの先にカギをつけて部屋の中の衣類などを釣り盗む。

9　掻き出し

座敷の掃き出し口から棒などで物品を取る。

10　抜き取り

11　とんび

虫干し、洗濯物を窓とか縁側から盗む。

12　掏　摸（すり）

13　陳列師

ショウウインドウの商品をカッパラう。

ドロボウの種類

泥棒の種類は多い。

①宝物盗〜寺社や博物館から宝物を盗む。②金庫破り〜金庫を破って金品を盗む。③官公署〜官公署の建物に侵入して盗む。④事務所荒らし〜会社や事務所から金品を盗む。⑤学校荒らし〜学校の職員室・事務室から盗む。⑥空巣狙い〜家人不在の住宅から盗む。⑦忍込み〜夜間、家人が寝ている住宅に侵入して盗む。⑧居あき〜家人が昼寝や食事中に侵入して盗む。⑨追い出し盗〜電話をして店の者や家人を外出させ留守中に盗む。⑩借用盗〜トイレや電話の借用を口実に屋内を入り、すきを見て盗む。⑪職権盗〜警察官や会社員を詐称し、捜査・検査を装い、すきを見て盗む。⑫すり替え盗〜口実を設けて金品を出させ、すきを見て他の物とすり替え盗む。⑬慶弔盗〜結婚式場や葬儀場で客を装って盗む。⑭見まわり盗〜造作・修繕を口実に訪問し盗む。⑮お目見得盗〜身元を偽って店員・女中として就職し、すきを見て盗む。⑯客

盗～知人宅を訪問し、すきを見て盗む。⑰買物盗～買物客を装い、店で商品を見せて貰い、すきを見て盗む。⑱かばん師～持っている鞄の中の金品を盗む。⑲断ち切り～刃物でポケット・鞄・紐などを切り盗む。⑳抜取り～刃物を使わずポケットなどから盗み取る。㉑世話抜き～泥酔者を介抱するふりをして盗む。㉒仮眠者狙い～公園や駅などで仮眠中の者から奪う。㉓荷抜き～駅や運送店で保管し、または貨車で運送している荷物を盗む。㉔万引き～買物をしているように装い盗む。㉕置引き～待合所・船・車などの中で、すきを見て乗客の物を盗む。——他に、自動販売機荒し、電話機荒しなど、盗みの手口は多様である（『泥棒の本』新評社）。

盗　掘

平成三年（一九九一）四月、奈良国立文化財研究所飛鳥資料館で「飛鳥時代の埋蔵文化財に関する一考察」展が開かれた。これは、奈良市内に住む考古学マニアのＡ（四十二歳）が、奈良・京都など七府県四七か所の遺跡から一〇年がかりで盗んだ遺物二千点の中からえらんだものを展示したのであった。

Ａは龍谷大学仏教学科大学院修了。奈良・大阪の寺の住職をつとめ、飛鳥資料館などによる発掘調査に作業員として働き、作業中また夜間に犯行を重ねていた。かれは盗品をいっさい売却しておらず、「私設の文化財研究所を作りたかった」のだという。Ａは懲役一年六か月、執行猶予三年の判決をうけた（玉利勳『墓盗人と贋物づくり』）。

盗掘の記録

昭和四十七年（一九七二）三月、奈良の高松塚古墳で極彩色の壁画が発見されたが、この古墳はすでに盗掘されていた。墳丘上部からV字型に掘り込み、さらに石槨の南側の厚さ約五〇センチメートルの側石を砕いて内部に侵入した。内部に残る土器などから、盗掘の行われたのは平安末期～鎌倉初期であったと思われる。

昭和四十九年（一九七四）に調査された東京都日野市の坂西横穴群の石室の側壁には、

「永仁二年」「永仁□年」「永仁六年三月十二日」

などの線刻があった。

盗掘の記録は古くからあった。

○康平三年（一〇六〇）六月、河内国司は盗人が推古天皇陵をあばいたと言上した（『扶桑略記』）。

○康平六年（一〇六三）三月、盗人が池後山陵（伝成務天皇陵）をあばき宝物を奪った。五月に山陵使が発遣され、九月宝物等の返納が決められ、十月犯人興福寺僧静範は伊豆国に配流、縁坐の者一六人も安房・常陸・佐渡・隠岐・土佐などに流された（『扶桑略記』）。

○久安五年（一一四九）七月、興福寺僧玄実が持仏堂を造るため聖武天皇陵の石を曳き取った（『本朝世紀』）。

○嘉禎元年（一二三五）三月、群盗が大和国高市郡の大内山陵（天武・持統合葬陵）をあばいて宝物を奪った。翌年四月実検のための勅使が派遣され、暦仁元年（一二三八）二月犯人が捕らえられ、検非違使庁前は見物の車で道もふさがれたという（『百練抄』）。『帝王編年記』は、盗人によって穴を穿たれたあと、南都や京の人びとが多く山陵内に入り「御骨」などを探したと書いている。

○弘安十一年（一二八八）二月、摂津国島上陵（伝継体天皇陵）を盗掘した犯人が逮捕され、贓物の鏡も取り戻された（『公衡公記』）。

○嘉永五年（一八五二）大和国添下郡横領村の百姓嘉兵衛ほか四人は、伝成務天皇陵を盗掘し曲玉・管石などを取り、嘉兵衛は磔と決したが、判決前に死亡したため塩詰めにされ奈良町中を引廻された（『奈良奉行調書』）。

これらのうち最も著名なのは嘉禎元年の大内山陵の件である。この事件について藤原定家は、その日記『明月記』に「白骨相連、又御白髪猶残」「於㆓女帝御骨㆒者、為㆑犯㆓用銀筥㆒奉㆑棄㆓路頭㆒了」と書いている。

大内陵については、明治十三年（一八八〇）公になった「阿不幾乃山陵記」なる文書があり、陵の内部構造や副葬品、盗掘による被害状況を詳しく記録している。きわめて興味ふかい記録なので、少し長いが読み下し文を掲げる（奈良国立文化財研究所飛鳥資料館編『飛鳥の王陵』に拠る）。

『阿不幾乃山陵記』

阿不幾乃山陵記 里号野□ □□[　　]

盗人乱入の事 文暦二年三月廿日廿□□ 両夜に入ると云々

件の陵の形八角、石壇一匝(めぐ)り、一町許(ばかり)歟(か)、五重也、此の五重の峰に森十余株有り、南面に石門有り、門前に石橋有り、此の石門を盗人等纔(わずか)に人の一身の通る許切り開く、御陵の内に内外陣(ないげじん)有り、先ず外陣は方丈間許歟、皆馬脳(めのう)也、天井の高さ七尺許、此も馬脳、継目無く一枚を打ち覆うと云々

内陣の広さ南北一丈四五尺、東西一丈許、内陣に金剛の妻戸有り、広さ左右の扉各三尺五寸七尺、扉の厚さ一寸五分、高さ六尺五寸、左右の腋(わき)柱の広さ四寸五分、厚さ四寸、マグサ三寸、鼠走三寸、冠木(かぶき)の広さ四寸五分、厚さ四寸(已上、金銅)、扉の金物六、内小四(三寸五分、許)大二(四寸許、皆金)、已上の形、蓮花返花の如し、古不(こふ)の形は師子也、内陣の三方上下皆馬脳歟、朱塗也、御棺は張物也、

布を以てこれを張る、入角也朱塗、長さ七尺、広さ二尺五寸許、
深さ二尺五寸許也、御棺の蓋は木也、朱
塗御棺の床の金銅、厚さ五分、牙上（げしょう）を
彫り透す、左右に八、尻頭に四、クリカタ四尻二頭二
御骨、首は普通よりすこし大也、其の色赤黒
也、御脛の骨の長さ一尺六寸、肘の長さ一尺四寸、
御棺内に紅の御衣の朽たる少々これ在り、
盗人の取り残す物等、橘寺の内に移さる、石御
帯一筋、其の形は銀の兵庫クサリ
にして、種々の玉を以てこれを餝（かざ）る、石二あり、形
連銭の如し、表手石の長さ三寸、石色水精（すいしょう）の如し、
玉帯に似たり、御枕、金銀珠玉を以てこれを飾る、唐
物に似たり、言語に及び難きに依りて、これを注さず、仮令（たとえば）、其の形
鼓の如し、金銅桶一一斗を納るる許歟、床に居う、其の形礼
盤の如し、鏁（くさり）少々、クリカタ一これ在り、
又此の外、御念珠一連これ在り、三匝（めぐ）りの琥

珀の御念珠を銅の糸を以てこれを貫く、而るに多武峰の法師取り了ぬ、

又彼の御棺中に銅カケカケニ(ママ)これ在り、

V 盗賊論

一　貧しさのゆえに

飢えに迫られて

延宝三年（一六七五）、岡山藩は大飢饉に見舞われた。二年前には二度の大洪水で被害を出し、一年前にも洪水があり、延宝三年には一月から五月までに餓死者四七五一人に及ぶ惨状を呈した。着物を一着盗むとか、わずかな銭を盗むなどの事件が続発したが、みな飢えに迫られ、貧しさのゆえであった。備前国邑久郡西須恵村の百姓又左衛門の娘八は十六歳で、口べらしのため家を出ていたが、神崎村で盗みを働き、その後放火もした科で、二日さらされたのち獄門に処された（妻鹿淳子『犯科帳のなかの女たち』）。

江戸時代まで、といわず、ほんの数十年前まで、農村は貧しかった。巨大な地主が田畑を占有し、多数の小作人は高額の小作料を支払って貧しい暮らしを強いられてきた。そして、ときに寒冷な気候が襲い、稲の収穫がゼロに近いこともあった。時代をさかのぼれば、霖雨や旱魃による被害は恒常的ですらあった。評判になった〃おしん〃の物語は、たんなる〃物語〃ではなかったのである。

中世の村びとの生活も、そうした危うい条件に支えられて成りたっていた。ひとたび飢饉に見舞われれば、人びとは座して死をまつか、他人の食糧を奪って生きながらえるかしかなかったといえる。和泉国日根荘の女・こどもが、わずかなわらび粉を盗んで殺されたことは、前に書いたとおりである。人は貧しさゆえに盗人となる、とは昔からの説である。

三善清行の盗賊観

三善清行（八四七―九一八）は平安前期の学者官僚である。父は淡路守従五位下氏吉、母は佐伯氏、清行はその三男である。巨勢文雄（八二四―九二）に漢文学を学び、太政官の書記官、刑部省・式部省の次官や文章博士・大学頭などを歴任し、従四位上・参議・宮内卿にまでのぼった。延喜十八年（九一八）没したとき七十二歳であった。清行が、菅原道真（八四五―九〇三）に退職勧告をしたことはよく知られているが、それよりも有名なのは、かれが式部大輔のとき延喜十四年四月二十八日付で堤出した国政に関する意見、いわゆる「意見十二箇条」である。その第一一条は「諸国の僧徒の濫悪及び宿衛の舎人の凶暴を禁ぜんと請うこと」と題するもので、つぎのように述べている。

諸寺の年分および臨時の得度者は年間二、三百人に及ぶが、その過半はみなこれ邪濫の輩である。課役をのがれ租調をのがれようとする百姓が、自ら剃髪し法服を着るのである。もっとも甚だしき者は、あつまって群盗となり、ひそかに私鋳銭を造ったりする。以前、安芸守藤原時善を攻め囲み、紀伊守橘公廉を襲ったのもこれらの徒であるという。

また清行は「藤原保則伝」を書いて、藤原保則（八二五—九五）の良吏ぶりを讃える。保則が備中国に赴任した当初は飢饉で、群盗が横行し村むらは荒廃しきっていた。これは、前守朝野貞吉が苛酷な政治を行い、人民のわずかな科でもきびしく罰したのが原因である。保則は赴任すると仁政を施し、人民の小さな過ちを宥した。無利息で稲を貸しつけ、農業・養蚕をすすめ、人民の生活を安定させたのである。

安芸国の盗人が備後国の調の絹四〇疋を盗った。備前国に逃れて石梨郡の宿に泊まり宿の主人と話した盗人は、保則の人柄を聞くと自首して出た。保則は仁和三年（八八七）大宰大弐となった。その頃、筑前・筑後・肥前の三国は群盗の巣となっていた。人民は財産を奪われ、殺され、旅行者もおびやかされる。前々の国司らは軍隊を派遣して盗人を捕らえ殺したが、これはかえって逆効果で、盗賊らの勢いは盛んになるばかりであった。保則はつぎのように述べたという。

盗賊の首領は、多くは戸籍から外れた流浪人であり、あるいは良家の子弟や国司の従僕が在地の有力者と婚姻関係を結んで住みつく、しかし毎年不作が続き、生計の便を失って、貧窮の徒は党類が集まって、武器を持ち賊徒となる、かくして国の民の過半は盗人となるのである。——藤原保則、また三善清行の考えは明らかである。盗徒は貧しさのゆえに生ずるのであり、人民の生活の安定こそが先決であると。

博奕は泥棒のはじまり

狂言「こぬすびと」に「博奕の果は盗みを致すより他はない」という言葉が見える。競馬・競輪・競艇そして賭(かけ)マージャン、おまけに宝くじ、人の世にギャンブルは絶えない。博奕には、さまざまの方式があり、まことに多様である（増川宏一『賭け賭博の日本史』）。古代以来一貫して法はこれを禁圧してきた。「養老令」は「博戯」については、密告・報奨制度をとり、『養老律』ではその罪を杖(じょう)一百とし、多額の賭(かけ)の場合は盗みと同じ扱いとされた。鎌倉幕府も一貫して博奕を禁じ、室町幕府もまた同様である。

延応元年（一二三九）四月十三日の幕府法は、「近年四一半之徒党興盛云々、偏是盗犯之基也」という。「バクチはドロボウのはじまり」という見方は定着したものであったらしく、弘長元年（一二六一）二月二十日の法が、「可停止博奕事」といって、「盗賊放火之族、多以出来」と書き始めているのも同じ見方のあらわれである。文永八年（一二七一）六月十七日付の高野山領紀伊国神野(こうの)・真国(まくに)・猿川荘の荘官らが書いた起請文には、「敍(殺)生者重罪之根本、博奕者盗犯之濫觴(らんしょう)也」と明らかに記されている。

博奕禁制

禁令がしばしば出されることは、博奕が禁圧できない事実を却って示すものである。法隆寺領播磨国鵤荘(いかるが)では、博奕は堅く禁制されているのであるが、大永頃、盛んに行われているとの風聞があり、そこで荘政所は、仁王堂と宿村の両所につぎのような高札を打った（『鵤荘引付』）。

定　政道事　袖判政所沙汰之

右子細者、於当庄内、博奕事堅令停止之処、近般以外増倍之由及風聞之条、誠而有余者哉、所詮致興

行、寄宿之仁躰尋捜、可処非常之厳科者也、仍下知如斯
大永五年乙酉閏十一月日　　　沙汰人判

『大乗院寺社雑事記』を見ると、応仁・文明をはさむ時期に、奈良および大和国内の各地で博奕が盛んだった様子がうかがわれる。康正三年（一四五七）三月、坊官所の永深寺主と修学者宰相公が博奕を打って処罰され、永深の所従の宅が破却された。文明十三年（一四八一）正月、発志院で大博奕があり、修学者・中綱と地下の者どもで、古市氏が賭（かけ）に負けたという。同十五年十二月、宝珠院好尊は、博奕で八〇〇貫文も負け、五〇〇貫は銭で払ったが、残りを払うことができず逐電してしまった。

諸院・諸坊などが賭博場となり、寛正四年（一四六三）十月には制誡条々を下し、博奕を停止したが甲斐なく、文明十八年九月に湯屋坊、惣持院、法輪院、明王院などの検断が命じられ、明応三年（一四九四）三月、衆中衆会で検断の対象とされたのは、高矢郷・西御門・城土・川上・梅殿・城土出垣内・角振・紀寺・中院・花園郷以下、合わせて一三、四郷であった。まさに「博奕増盛末代至」であった。

博奕がもとで

博奕が原因で、鵲郷（かささぎ）の皮屋と搭本郷の鍛冶が喧嘩をし、また椿井の材木屋と、その向かいに住んでいた絵師が喧嘩することがあった。文明十六年四月、元興寺郷の無縁堂の茶屋坊主の子に、古市の小坊が博奕銭を催促したところ、支払わなかったので、父の茶坊主に支払いをせまった。しかし、子の借金に親は関

知しないと取り合わなかったので、貝塚の者が仲介を買って出た。すると、その仲人に坊主が傷つけるという事件になった。そこで、力者らを遣わし茶屋を検封したが、茶屋の主人鹿野園の詫言で検封を解いた。博奕につき刃傷殺害などのあるとき、門跡として検断を加えるのは「古来の風儀」であるという。博奕に負けて金銭につまり、西金堂の仏具などを盗み取る者もあり、風呂釜を盗み出す者もあった。

奈良以外の諸寺でも同じような状況であった。明応六年（一四九七）三月、長谷寺に博奕停止の高札をたて、密告者には三貫文を与えるとした。

菩提山正暦寺でも博奕が盛んで、門跡は古市氏にその検断を命じたが、約一年後に正暦寺は三〇貫文の過（科）銭を出している。湯屋坊・惣持院・法輪院などの場合、検断から二年後に過銭五貫文を支払い落居している。事の経過を見ると、過銭の徴収は、テラ銭のうわまえをはねているとしか思えない。「昼夜之博奕増倍、五十貫百貫打負輩」が僧のうちに多くおり、これらは「一向古市胤英、古市澄胤之所行」というべきものであって、寺住の僧侶とグルになって賭博場を設けているというのである。

西川如見の「盗賊論」

江戸時代の西川如見（一六四八―一七二四）は長崎生まれの著名な天文学・地理学者であった。その著書『町人嚢（ちょうにんぶくろ）』につぎのような記述がある。

「ある人がいうには、中国の古い書物には、日本は質直にして盗賊のない国であると記されている、ところが近頃の中国の書物には、日本は盗賊・人殺しの国であると書いてある、太平記の時代（＝南北朝内乱期）から、武家・町人の風俗は大いに悪くなり、泥棒や人殺しがたいへん多くなり、あまつさえ、日本の海賊が中国沿岸を侵すようになり、『倭寇』と恐れられるようになった。」

日本人が昔の人たちのような質素な生活を忘れ、万事華美なる暮らしをするようになった——古人の心を忘れたことが、盗賊横行の根本原因である。下賤（げせん）の者は下賤の者らしくすべきで、「上ざまなる人のふるまひを似（まね）する時は」盗人に目をつけられ災いを招くことになるのである。また、財宝は蔵（くら）の内に、つねづね用心してしまっておくべきもので、油断があってはならない。用心を怠るのは、盗人に盗めといっているようなものである。

ある人が学者に尋ねた。「町人が学問をして何の役に立つのでしょうか」と。「身を修め家を斉（ととの）へるためである」（「修身斉家」）と学者は答える。「でもそれでは、無学な町人はみな身を亡ぼし家を失うということになるのですか」——学者は反論できず黙ってしまった。そこで別の学者に尋ねると、「無学の者でも盗みをする者は稀（まれ）である、しかし盗み心をなくすることはできない、学者とて同じである、盗みを犯せば法によって処罰されるので、それによって抑制されているのである」と。

今どきの若者

十九世紀の前半文化年間に書かれた『世事見聞録』（武陽隠士著）は、当時の世相をうかがわせる面白い史料である。武家の奉公人について、「今の若者等は」主人にうとまることをいとわず、たとい解雇されたとしても、かえって、もっと大身の武家に奉公するつもりだなどと放言する。主人を大切に思わず、自分の都合ばかりを考え、また主家の物を掠め盗り、同輩の奉公人を紹介するときには賄賂（紹介料）を取る、そのありさま巾着切り（すり）にも劣る。

こうした世情は、世の中万事華美となり、生活水準の向上が貧しい人びとのねたみや欲望を誘うところから起こるという。「昔は藁を以て髪を束ねしを元結を懸け、匂入りの鬢付油をつけ、女は紅白粉を粧ひ、鼈甲または銀の簪を差し、藁草履・簑笠を差すべき所も傘をさし、雪踏・裏付皮花緒の足駄・塗下駄などにて足袋を履き、あまつさへ髪結なるものに髪月代を致させ、その風体百姓とも見えず、都会の人も同じ様にて…」——。

一方、農村は、「有徳人（＝金持ち）一人あればその辺に困窮の百姓二十人も三十人も出来、たとへは大木の傍に草木の生ひ立ちかぬる如く…」であり、社会階層の両極分解が顕著になり、農村の小前百姓は没落し都市に流れる。しかし都会でも生活はなり立たず、さりとて今更農村にも戻ることならず「悪逆をなすのほかなし」「身持を破り、博奕を業とし、人のものを犯し奪ふの悪心盛んになり、いはゆる悪党となり、喧嘩口論を仕懸け、弱きものをいぢめ、または人の悪事の隠れ居るを見込みてゆすりとるを覚え」、こうなっては人並みに仕事はできず、奉公もかなわず、やくざ集団に入るか、流れ者の無宿悪党におち、盗賊・火付け、追剥ぎ・人殺しも多くこれらより起こるのであると。

このことについて三田村鳶魚はつぎのように書いている。

「下層の者が労賃が余計取れて暮しよくなる。働けば銭になる一方には、惰け者が出てくる。相当な職業をおぼえていながら、ぶらぶらしている」「人間が敏捷になってくればくるほど、ごまかして用を足そうとする根性が伸びてまいります」（『泥坊の話　お医者様の話』）と。

高山樗牛と高浜虚子

急に話が明治時代にとぶが、明治の美文家として名高い高山樗牛に「所謂社会小説を論ず」（『太陽』明治30・7）と題する文章がある。

「近頃貧民の悪をなすもの、人動もすれば、社会の罪を言う。罪は貧民にあり、何ぞ社会にあらむ。彼れ悪を為すに先ちて既に貧弱てふ大罪を犯したるに非ずや」

いま読めば、何事ぞと思われるが、保守的な日本主義者であった樗牛の言説とすれば、さもありなんと思われる。樗牛のこの文章と直接に関わるものではないが、翌明治三十一年五年の雑誌『日本人』に掲載された高浜虚子の文章「詩人に告ぐ」は興味ふかい。

「貧富の懸隔日に益々甚しく財閥の害は月に愈々大ならんとす、（中略）然も富者が紅燈緑酒の間に公々然として為しつつあるところの道徳上の大罪は却て時に警官を以て自ら護るあるに係はらず、貧者が窮余止むなく犯すところの芥子粒程の違法は直ちに警官に捕へられて、彼をして獄裡の人と為さざれば止まず、(中略) 鳴呼(ああ)貧者の為めに暖き同情を寄せ、彼れ社会が残忍刻薄の罪を鳴(なら)すべきもの亦(ま)た我が詩人を措(お)いて他に何者ぞ、刻下の文壇亦(また)一人のユーゴー無き歟(か)」

虚子は、いうまでもなく正岡子規門下の俊秀で、子規の写生主義による俳句の革新の志をつぎ現代俳句の基礎をつくった人である。樗牛は虚子より三歳年長であるが、二十代半ばの若い二人の主張の対比は面白い。

明治維新後の急速な〝近代化〟〝初期資本主義化〟が、社会の各方面に歪(ひず)みを生み、とくに都市における貧民、下層社会の情況に注目する人びとは多かった。それは、横山源之助の『日本の下層社会』、松原岩五郎の『最暗黒の東京』のようなルポルタージュによく示されている。

二　風土論

『人国記』

気候・風土が、そこに住む人間の性格につよい影響を与えるという見方は広く承認されていて、いわば常識のようになっている。「県民性」という言葉もあるように、なんとなく認められている。

さかのぼって十六世紀の昔、『人国記』と称する書物があった。

「下野の国の風俗、多くは気質に清の内の濁を得たる人多くして、その清濁通ずることなくして邪気甚だしく、傍若無人にして、常に業とする事としては、辻切・強盗の類にて少しも恥づる事なく、欲心ありてつれなく、而も悪を知りて直なることを用ひず、形の如く風俗悪しく…」

このような調子で評されている国を見ると、常陸国では、

「ただ盗賊多くして、夜討・押込・辻切等をして、その悪事顕はれ、罪科に行はるるといえども、恥辱とも曾て思はず」

などと書き、但馬国については、

「朝来・養父郡の者は意地きたなく、盗人多し」

と断じ、伊予国では、

「古へよりこの国には海賊充ち満ちて、往来の舟を悩ますの由、聞き及ぶに違はず、今も猶徒党を立てて、一身の立つる族多し、誠に関東の強盗、この国の海賊同じ業にして…」

と記している。

「盗賊」とまではいわずとも、例えば伊賀国については、

「伊賀の国の風俗、一円実を失ひ欲心深し、さるに因って、地頭は百姓を誑かし、犯し掠めんとすることと日々夜々なり、百姓は地頭を掠めんことを日夜思い、夢にだに儀理と云ふことを知らざるが故に、武士の風俗猶以て用ひられざるなり」

と書かれているし、能登国は、

「偏国にして道理闇く、而も驕りの気これ有り」

とされ、石見国は、

「偽りばかりにて実ある人稀なりと知るべし」

壱岐・対馬国は、

「人の気柔弱なる所多うして、自堕落なる事多し」

と酷評されている。江戸時代のはじめ、関祖衡は『人国記』を改編し、それぞれの国について「按文」を

つけた。例えば、酷評された常陸国についての按文にはつぎのようにある。

「按ずるに、当国東一偏は海洋にして、西は山なり、江海国中にさし入りて、所々の風土各々異なり、尤も大国の故に、山中海浜南北の境地に、寒暑の変りあり」

『人国記』は戦国時代の著作で、武田信玄なども愛読したといわれる軍政学書である。統治者の視点で書かれたものであり、もちろん科学的根拠のある主張ではない。

風　土

人間の生活基盤としての自然環境について、その地域的な特質を論ずる「風土論」がある。「風土」とは、中国語では、季節の循環に対する生命力を意味した。『説文解字』が「風動いて虫生ず」といい、わが国古代の『令義解』(仮寧令)が「物を養い功を成すを風と曰い、坐ながらして万物を生ずるを土と曰う」と述べているのも同様である。『後漢書』は、場所ごとに異なる地方差の意で「風土」をとらえている。『萬葉集』の大友家持の歌の注に「越中の風土、橙橘のあること希なり」というのは、やはり土地柄の意である。

古代ギリシアでは、風土とは気候・気候帯を意味し、近世にはヘルデルは、人間生活、歴史の基礎としての風土を論じ(精神の風土学)、ヘーゲルも民族精神の基礎に三つの自然類型を置いた。マルクスも人類社会の発展に自然的な条件が大きなウエイトを占めることを述べた。シュペングラーの『西欧の没落』や、トインビーの『歴史の研究』も、風土の歴史への規定性を説き、中国地理の研究を行ったウィットフォーゲルやリヒトホーフェンの場合は、地理決定論ともいうべきもので、自然環境の重要性を主張した。

わが国、近代では、和辻哲郎の名高い著述『風土』がある。和辻は、風土を三つの類型にわける。①モンスーン的風土〜暑熱と湿潤を特長とし、中国・日本などこの地域の人間の性格は、受動的・忍従的である。②砂漠的風土〜乾燥を特長とし、人びとは実際的・意志的であり利害打算的である。キリスト教、ユダヤ教、イスラム教などはこの地域に生まれた。③牧場的風土〜夏の乾燥と冬の湿潤を特長とするヨーロッパをさす。従順な自然のもとで、人びとは自然から解放され、理性的であると、和辻は説明して見せた。

わが国でも、自然環境から地域的な特質を説明しようとする試みは古くからあり、さきにふれた十六世紀の『人国記』などを見るが、江戸時代において、特筆すべきは、西川如見（一六四八―一七二四）の『日本水土考』（一七〇〇年）であろう。如見については、先にその「盗賊編」を紹介したが、風土論としては、『日本水土考』がある。その「序」文によると、「地理の学」により「此の国（＝日本）の上国たる理を」示すことを目的として著されたのである。先ず「亜細亜大洲図」を眺めるならば、わが国は「万国の東頭にありて、朝陽始めて照すの地、陽気発生の最初、震雷奮起の元土」であり「日始めて照す」である。わが国は図の「艮（うしとら）」（＝東北）に在り、その位置からして、草木繁茂し、人の性は強壮にして仁愛の心多く勇武の意に専らなる者であり、女性は孝順貞烈なる者、古今枚挙すべからずという。わが国は「偏熱の国」でも「偏寒の国」でもなく「四時中正」の国である。その面積は「広からず亦狭からず、その人事風俗民情相斉しく、混一にして治め易し、是の故に、日本の皇統の、開闢より当今に至りて変わることなき者は、万国の中ひとり日本のみ、是れ水上の妙にあらずや」ともいう。また、「日本の地は大国に近しと雖も、灘海を隔てて而して相遠きが如し、故に大国に屈せらるゝの患（わずらい）なし、況（いわ）んや其の併せらるゝをや」と国防上有利な地を占めているとも述べている。

まことに手前味噌の感があるが、その「序」で「蓋（けだ）し万国は各々自国を以て上国と為して、しかも自国の説を用ひて自国の美を断ずる者は、未だ私称の偏あることを脱せず」といい、それに対して、自分の説は、「異邦の図する所に従ひて以て此の国の美を察する」（外国の資料によって日本のことを論ずる）のであるから、手前味噌などではないと如見はいう。

『論語』から

葉（しょう）の領主が、孔子に得々として話をされた。

「近郷に躬（きゅう）という正直者（しょうじきもの）がいる、かれの父が羊を盗んだとき、息子の躬が証人となって父を訴えました。」

孔子は答えていう。

「私の近郷の正直者は少し違います。父は子の罪を内緒（ないしょ）にし、子は父の罪を内緒にします。そういう見かけの不正直の中に、本当の正直がこもっているのです。」

孔子の時代、春秋末期は治安が悪く、盗賊が横行していた。葉公が自慢げに語ったのはそれによるが、孔子は家族道徳の基礎のうえに国家の治安が維持されると信じていたから、反対したのである（『論語』第十三）。

また子路が孔子に問うた。「君子は勇気を尊重しますか」と。孔子はいう。

「君子は勇気より正義を第一とする。もし、君子に勇気のみあって正義感に欠けるときは内乱を起こす。小人に勇気のみあって正義感が欠けていると、盗賊を働くことになる。」

盗跖

孔子の親しい友であった賢人柳下季（りゅうかき）の弟に盗跖（とうせき）という大泥棒がいた。手下を九千人もひきいて天下を横行し、諸国で乱暴を働き、家の壁に穴をあけ、他人の牛馬を追いたて、他人の婦女を奪った。親兄弟を忘れ、先祖の祭りをすることもない。

孔子は柳下季に向かっていう。「あなたは評判の賢者ではあるが、盗人である弟（盗跖）を教え導くことができないではないか。私はそれを恥しく思っている。私はあなたのために盗路を説得したい」と。柳下季はとめたが、孔子は聴きいれなかった。孔子が訪ねてきたと聞くと、盗跖は大いに怒り、孔子を〝いかさまし〟とののしった。

「お前は勝手な言葉を作りあげ、文王とか武王とかをでたらめに誉（ほ）めあげ、木の枝のように、ごてごてと飾りたてた冠（かんむり）をかぶり、死んだ牛の脅（わきばら）のようにたるんだ帯を巻き、くどくどとつまらないことをしやべりまくって、畠を耕さずにものを食べ機織もせずに着物を着、気ままな是非の論議を起こして、それで世界中の君主たちを迷わせ、天下の書生どもに、根本にたち戻らないで、むやみに、親への孝行とか、兄への悌順とかを守って、あわよくば諸侯や金持ちになろうというまぐれ当たりを狙わせている奴だ。お前の罪悪は大きいし、咎めも重い。とっとと逃げて帰れ。さもないと、おれはお前の肝をとって昼飯の膳を賑わすことにするぞ。」

そしてさらにいう。「お前ほどひどい盗賊はいないのに、天下の人びとはなぜお前のことを盗丘といわずにおいて、おれさまのことを盗跖などというんだ」（『荘子』二十九・盗跖篇）。盗跖のいうところを聞いていると、果たして世の「正義」はいずれにありやと考えてしまうのである。

あとがき

泥棒は歴史とともに古い職業のひとつといわれ、文学の題材としても多く採りあげられてきた。それは洋の東西を問わないが、シラーの『群盗』、ブレヒトの『三文オペラ』、ダリアンの『泥棒』、ジュネの『泥棒日記』、レオーノフの『泥棒』などは著名である。わが国でも多くの泥棒の活動が見られ、説話や一般の文学作品また芝居にも採りあげられ、虚実織り交ぜて語られてきた。平安末期の『今昔物語集』の盗賊物語など絶品といってよい。泥棒の話は深刻な話であるはずなのに、なぜか一種のおかしみを以て語られる。近代においては大衆文学の世界で採りあげられ、旧い呼称でいえば探偵小説、いま風にいえば推理小説の主体は探偵であるが、これも泥棒あっての探偵小説である。

江戸時代の泥棒については、三田村鳶魚の著述があって豊富な話題を提供し（『鳶魚江戸文庫』中公文庫）、それ以前大正期には小酒井不木の研究があった（『犯罪文学研究』国書刊行会、一九九一年刊）。泥棒に関心を寄せる人は多く、例えば高知大学の泥棒研究会は『盗みの文化誌』（青弓社、一九九五年刊）という真面目な研究書を公にしている。その中に吉成直樹「作物盗みのフォークロア」があり興味ふかいが、この問題については本書では触れなかった。また最近出版された、ウーヴェ・ダンカー著『盗賊の社会史』（原題、DIE GESCHICHTE DER RÄUBER UND GAUNER UND GEUNER. 藤川芳朗訳、法政大学出版局、二〇〇五年刊）は本格的な論考で、すこぶる参考に値いする。

本書は、もと「盗人の説話」「盗賊の社会史」などと題して雑誌に連載したものにいく分の加筆、修訂を加えたもので、私の個人的な興味にしたがって資料を並べたにすぎない。とくに近世・近代の叙述については内心忸怩たるものがあり、今後に補訂の機会を得たいと思う。

二〇〇六年四月

著者しるす

盗賊の日本史

著者略歴

阿部　猛（あべ　たけし）
1927年　山形県に生まれる。
1951年　東京文理科大学史学科卒業。
　　　　北海道教育大学、東京学芸大学、帝京大学に勤務。
現　在　東京学芸大学名誉教授、文学博士。
主要著書
『日本荘園成立史の研究』（雄山閣、1960）、『律令国家解体過程の研究』（新生社、1966）、『尾張国解文の研究』（新生社、1971）、『平安前期政治史の研究 新訂版』（高科書店、1990）、『日本古代官職辞典』（高科書店、1995）、『太平洋戦争と歴史学』（吉川弘文館、1999）、『古文書・古記録語辞典』（東京堂出版、2005）、『日本荘園史の研究』（同成社、2005）、『近代日本の戦争と詩人』（同成社、2005）、『度量衡の事典』（同成社、2006）、その他。

2006年 5 月 10 日発行

著　者　阿　部　　猛
発行者　山　脇　洋　亮
印刷者　㈲協　友　社

発行所　東京都千代田区飯田橋 4 - 4 - 8　東京中央ビル内　㈱同成社
TEL 03-3239-1467　振替00140-0-20618

ISBN4-88621-3561 C1021